VEGETARIAN

ANDRÉ FRONZA
BEATRIZ CARVALHO
BRUNA PAVÃO
CALOCA FERNANDES
CLÁUDIA MORAES
DALTON RANGEL
DANIEL BORK
ERIC SLYWITCH
GABI MAHAMUD
GIL GONDIM
JULIA GUEDES
KATIA CARDOSO
MÔNICA RANGEL
NATÁLIA WERUTSKY
PATI BIANCO
TEREZA PAIM
ZENIR DALLA COSTA

VEGE

ARIANDO

senac EDITORA ALAÚDE

DADOS INTERNACIONAIS DE CATALOGAÇÃO NA PUBLICAÇÃO (CIP)
(Jeane Passos de Souza – CRB 8ª/6189)

Vegetariando / André Fronza... [et al.] – São Paulo : Editora Senac São Paulo; Editora Alaúde, 2020.

   Autores: André Fronza, Beatriz Carvalho, Bruna Pavão, Caloca Fernandes, Cláudia Moraes, Dalton Rangel, Daniel Bork, Eric Slywitch, Gabi Mahamud, Gil Gondim, Julia Guedes, Katia Cardoso, Mônica Rangel, Natália Werutsky, Pati Bianco, Tereza Paim, Zenir Dalla Costa.
   Bibliografia.
   ISBN 978-65-5536-218-3 (impresso/Editora Senac São Paulo)
   ISBN 978-65-86049-10-7 (impresso/Editora Alaúde)
   e-ISBN 978-65-5536-219-0 (ePub/Editora Senac São Paulo)
   e-ISBN 978-65-86049-16-9 (ePub/Editora Alaúde)
   e-ISBN 978-65-5536-220-6 (PDF/Editora Senac São Paulo)

   1. Gastronomia   2. Culinária vegetariana   3. Cozinha vegetariana (receitas e preparo)   I. Fronza, André. II. Carvalho, Beatriz. III. Pavão, Bruna. IV. Fernandes, Caloca. V. Moraes, Cláudia. VI. Rangel, Dalton. VII. Bork, Daniel. VIII. Slywitch, Eric. IX. Mahamud, Gabi. X. Gondim, Gil. XI. Guedes, Julia. XII. Cardoso, Katia. XIII. Rangel, Mônica. XIV. Werutsky, Natália. XV. Bianco, Pati. XVI. Paim, Tereza. XVII. Costa, Zenir Dalla.

20-1172t   CDD – 641.5636
                                      BISAC CKB086000

Índice para catálogo sistemático:
1.   Gastronomia : Culinária vegetariana   641.5636

Nota das EDITORAS

PARA ATENDER aos quase 30 milhões de vegetarianos no Brasil, as editoras Alaúde e Senac São Paulo trazem, nesta publicação, receitas para as mais diversas ocasiões, desde o café da manhã às refeições no trabalho e aos encontros com família e amigos. Do clássico arroz e feijão ao mais sofisticado e inusitado, como a tartelette mediterrânea, os amanteigados feitos com flores ou o bolo azul de jenipapo, cada receita é ilustrada com fotos, indicando-se o preparo mais apropriado e possíveis substituições de ingredientes. Além disso, o livro dá dicas para montar saladas com mais textura e ensina a elaborar molhos naturais para incrementá-las.

Este livro também não deixa de fora a discussão sobre os aspectos nutricionais relacionados à dieta vegetariana, apresentando os quesitos para a elaboração de um cardápio saudável e as orientações alimentares específicas tanto para os adeptos dessa dieta quanto para quem está na transição. A obra ainda aborda os fatores que têm influenciado cada vez mais pessoas a diminuírem o consumo de produtos de origem animal, levantando estatísticas e dados científicos que associam essa escolha à busca por sustentabilidade, à preocupação com a preservação de nosso planeta e à demanda por alternativas que tirem a carne do centro do prato, visando autonomia alimentar e combate aos meios tradicionais de produção.

Com este lançamento, as editoras esperam informar, aguçar o paladar e diversificar a alimentação de todos aqueles que estejam buscando pratos mais coloridos, saborosos e nutritivos.

SUMÁRIO

INTRODUÇÃO, 8
BEATRIZ CARVALHO

BOLO AZUL DE JENIPAPO, 14
BEATRIZ CARVALHO

SALPICÃO DE MAMÃO VERDE, 17
BEATRIZ CARVALHO

CAPONATA DE MANGARÁ, 18
BEATRIZ CARVALHO

AMANTEIGADOS FLORIDOS, 20
BEATRIZ CARVALHO

ALIMENTAÇÃO SEM CARNE E COM SAÚDE, 22
ERIC SLYWITCH

START NO DIA

PÃO DE FÔRMA, 32
ANDRÉ FRONZA

MINGAU DE TAPIOCA, 35
TEREZA PAIM

CUSCUZ DE MILHO, 36
CALOCA FERNANDES

PÃO ROXO, 39
JULIA GUEDES

IOGURTE DE CASTANHAS, 40
PATI BIANCO

GELEIA DE CASCA DE ABACAXI, 43
GIL GONDIM

MARMITEIRO, SIM!

LEGUMES ASSADOS COM CUSCUZ MARROQUINO, 46
DANIEL BORK

ARROZ DE RICO, 49
MÔNICA RANGEL

PENNE COM MOLHO DE TAHINE, 50
NATÁLIA WERUTSKY

ARROZ INDIANO COM LENTILHA E COUVE-FLOR, 53
JULIA GUEDES

QUIBE ASSADO DE GRÃO-DE-BICO, 54
GABI MAHAMUD

CHARUTINHO DE QUINOA, 56
DANIEL BORK

PAD THAI DE LEGUMES, 59
KATIA CARDOSO

PIMENTÕES RECHEADOS, 60
BRUNA PAVÃO

COMFORT FOOD

SUFLÊ DE ABOBRINHA, 64
ZENIR DALLA COSTA E CLÁUDIA MORAES

MUFFIN DE TOMATE, 66
ZENIR DALLA COSTA E CLÁUDIA MORAES

CUSCUZ DE FARINHA OVINHA, 69
MÔNICA RANGEL

RATATOUILLE, 70

QUENELLE DE RICOTA E ESPINAFRE, 73

ENSOPADO DE LENTILHA COM ABÓBORA, 74
ANDRÉ FRONZA

CANELONE DE BERINJELA, 77
DANIEL BORK

NHOQUE DE ESPINAFRE, 78
BRUNA PAVÃO

RISOTO DE ASPARGOS, 81

ALMOÇO DE DOMINGO

ALMÔNDEGAS DE BERINJELA, 84
KATIA CARDOSO

NHOQUE COM PESTO DE ORA-PRO-NÓBIS, 87
GABI MAHAMUD

BOBÓ DE LEGUMES COM FAROFA DE PINOLI, 88

MOQUECA DE BANANA-DA-TERRA, 90

DOCE DE MAÇÃ VERDE, 93
GIL GONDIM

PAVÊ DE PAÇOCA, 94
KATIA CARDOSO

MAIS FÁCIL QUE MACARRÃO INSTANTÂNEO

SALADA DE BATATA BOLINHA, 98
GIL GONDIM

TORTINHA DE LEGUMES, 101
KATIA CARDOSO

ESPAGUETE COM MOLHO DE COGUMELOS, 102
DALTON RANGEL

FRITADA DE CEBOLA E ERVAS, 105

TARTELETTE MEDITERRÂNEA, 106

LEGUMES CREMOSOS AO FORNO, 109
DANIEL BORK

CHEESECAKE COM CALDA DE CHOCOLATE E FRUTAS, 110

PARA DIVIDIR COM A GALERA

BRUSCHETTA DE TOMATE, PASTA DE AZEITONA PRETA E ALHO, 114
KATIA CARDOSO

CHUTNEY PICANTE DE TOMATE-CEREJA, 117
KATIA CARDOSO

CROQUETE DE PALMITO, 118
ANDRÉ FRONZA

CUSCUZ DE FUNDO DE ALCACHOFRA E BANANA, 121
NATÁLIA WERUTSKY

PIZZA, 122
BRUNA PAVÃO

BOLO DE CASCA DE ABACAXI, 125
ZENIR DALLA COSTA E CLÁUDIA MORAES

BOLINHO DE ESTUDANTE, 126
TEREZA PAIM

COMER E COMEMORAR

ANTEPASTO DE COGUMELO, 130
GIL GONDIM

SOPA DE PINHÃO EM CROSTA DE MASSA FOLHADA, 133
MÔNICA RANGEL

SALADA DE MANGA APIMENTADA, 134
DALTON RANGEL

ESTROGONOFE, 136
GABI MAHAMUD

ABÓBORA PAULISTA RECHEADA COM LENTILHA NA LARANJA E PIMENTÕES, 138
JULIA GUEDES

DOCINHO DE AMEIXA E COCO, 141
KATIA CARDOSO

PUDIM DE TAPIOCA COM CALDA DE ESPUMANTE E ESPECIARIAS, 142
TEREZA PAIM

TORTA DE CHOCOLATE, 144
GABI MAHAMUD

RECEITAS SUPERPROTEICAS

MUFFIN PROTEICO, 148
JULIA GUEDES

BOLINHOS DE FEIJÃO-BRANCO, 151
BRUNA PAVÃO

HAMBÚRGUER DE FALAFEL, 152
ANDRÉ FRONZA

O BASICÃO

ARROZ INTEGRAL, 156

FEIJÃO, 157

FAROFA DE BANANA, 158
DALTON RANGEL

PURÊ DE BATATA COM ORA-PRO-NÓBIS, 161
MÔNICA RANGEL

COMO MONTAR UMA SALADA, 164

MOLHOS DE SALADA, 165

ÍNDICE DE RECEITAS, 166

INTRODUÇÃO

Beatriz Carvalho

O MUNDO MUDA O TEMPO TODO. É um processo natural, ocorreria mesmo sem a presença humana. Mas a humanidade... Ah, essa vive e promove transformações impressionantes! Essas metamorfoses, demandas, criações, adaptações, estímulos, modismos e influências podem mudar tudo da água para o vinho, às vezes conscientemente, de forma planejada, outras vezes nem tanto.

Com a alimentação não é diferente. De tempos em tempos, os cardápios assimilam o que é mais oportuno, atraente, condizente com os desejos ou as necessidades daquele momento, com o que é tendência. No entanto, é comum engavetar o que ficou menos interessante para o agora e, quem sabe no futuro, fazer aquele alimento voltar ao gosto popular.

Compreendemos, a partir disso, que, apesar de ser uma necessidade básica, muitas vezes guiada pelos instintos, comer é um comportamento social, um traço cultural, um ato político, sendo algumas dietas verdadeiras manifestações de novas identidades. Se, por acaso, você tem repensado o que come e considera o vegetarianismo um caminho a ser seguido, saiba que não se trata apenas de cogitar uma nova dieta, mas de se ajustar a uma mentalidade de consumo que pode revolucionar os sistemas de produção de alimentos pelo mundo e avançar rumo à tão almejada sustentabilidade.

VOCÊ É O QUE VOCÊ COME OU VOCÊ COME O QUE VOCÊ É?

Há décadas, pesquisadores da nutrição estudam a importância da alimentação saudável, observando os impactos que cada alimento traz para o corpo e descobrindo as combinações ideais para a saúde.

"Você é o que você come" é uma expressão muito usada para explicar que nosso corpo é resultado do que consumimos. A partir daí, a expressão "você come o que você é" propõe um novo olhar sobre a relação das pessoas com a comida e os fatores que determinam as escolhas alimentares de diversos grupos em diferentes contextos.

APRENDENDO COM O PASSADO

A história da alimentação é constituída por inúmeros aspectos: ancestrais, místicos, religiosos, os quais tornam as escolhas alimentares complexas e interessantes, sendo preciso considerar muitas variáveis antes de julgar uma pessoa pelo que ela come.

Ainda que o vegetarianismo seja uma conceituação recente, que sequer existia até o século XIX, a recusa da carne não é algo moderno. A dieta "pitagórica" se espelha na alimentação vegetariana de Pitágoras, que encontrou adeptos em nomes como Da Vinci, Gandhi, Einstein e outras figuras importantes.

Em determinadas épocas ou lugares, a única maneira de ter carne para o jantar seria caçando. Domesticar os animais facilitou essa tarefa; com isso, os rebanhos cresceram, dando lugar a extensas e intensas criações, que aumentaram a oferta de carne, mas limitaram a variedade de espécies consumidas pela humanidade.

No Brasil, durante o processo de colonização, a alimentação típica dos povos nativos recebeu influências de diversos lugares do mundo. Culturalmente, portanto, nossa rica culinária é a junção de ingredientes, técnicas e sabores que traduzem essa construção histórica e simbolizam a identidade do nosso povo.

Todavia, é importante considerar as condições em que cada grupo estrangeiro se estabeleceu aqui, levando em conta privilégios que enaltecem algumas culturas em detrimento de outras e provocam a sobreposição dos hábitos alimentares, afetando a transmissão de algumas heranças culinárias e sua manutenção. Igualmente atrelada às desigualdades históricas está a situação econômica de certos grupos, o que interfere diretamente no acesso à comida de qualidade.

ALIMENTANDO O FUTURO

O mundo enfrenta hoje o desafio de alimentar as próximas gerações. Estima-se que até 2050 não haverá mais suprimento para toda a população caso os sistemas produtivos não sejam repensados em capacidade e eficiência.

Escolher o que comemos faz a diferença nesse contexto? A resposta é "sim". Quando os hábitos de consumo refletem uma vontade coletiva, demandam adaptações que podem contribuir com a sustentabilidade dos sistemas alimentares. A produção de carne ocupa espaços e consome recursos que poderiam ser mais bem aproveitados para o cultivo de vegetais. A Organização das Nações Unidas para a Alimentação e a Agricultura (FAO/ONU) calcula que a produção de grãos consome até 90% menos água do que a produção de carne bovina, por exemplo. Sem falar na emissão de gases, na compactação e contaminação do solo e demais fatores que depõem contra o consumo massivo de produtos de origem animal.

Outro ponto de atenção é o risco que as criações intensivas de animais proporcionam para a humanidade, já que são ambientes ideais para recombinações genéticas e o surgimento de novos vírus que utilizam os animais como hospedeiros. A recente pandemia de COVID-19 levanta a discussão sobre a correlação entre os hábitos alimentares onívoros e o surgimento de doenças globais, descrita no livro *Pandemias, saúde global e escolhas pessoais* (Cria Editora), escrito pelos brasileiros Cynthia Schuck Paim e Wladimir J. Alonso, pesquisadores da Universidade de Oxford, na Inglaterra.

FLEXITARIANISMO, *FITOALIMURGIA*, PANC, AGROBIODIVERSIDADE E OUTROS PALAVRÕES

Constantemente, novos termos são criados para designar diferentes tipos de dieta. O vegetarianismo define uma alimentação que exclui qualquer tipo de carne. O veganismo, por sua vez, não admite nenhum produto de origem animal, seja na alimentação, como ovos, derivados do leite ou mel, seja no consumo de bens em geral, como lã, seda, couro e certos tipos de corante.

Mas nem todas as dietas baseadas em vegetais são restritivas. O livro *The flexitarian diet* [A dieta flexitariana], de Dawn Jackson Blatner, propõe o flexitarianismo, ou seja, a redução do consumo de carne e outros produtos de origem animal, mas não sua proibição, dando liberdade para escolhas e processos individuais. Nessa dieta, o ponto principal está no aumento da quantidade e da variedade de hortaliças na alimentação.

Cabe, então, trazer à tona a *fitoalimurgia*, um termo italiano que se refere ao consumo de vegetais alimentícios encontrados regionalmente, de brotamento espontâneo na maioria das vezes. É um conceito ligado à capacidade de identificar e aproveitar, na época certa e com preparos adequados, determinados tipos de alimento, o que amplia a biodisponibilidade de nutrientes na dieta vegetariana e quebra a monotonia de uma alimentação restritiva.

No Brasil, mais recentemente, temos a popularização das PANC (plantas alimentícias não convencionais), vegetais que podem compor e enriquecer a alimentação, uma vez reconhecidos como ingredientes e comuns nas feiras e nos mercados. Sua difusão pode ampliar o repertório alimentar das pessoas e promover o resgate da agrobiodiversidade, comprometida pela agricultura convencional.

> A difusão das PANC pode ampliar o repertório alimentar das pessoas e promover o resgate da agrobiodiversidade.

INCLUIR
ANTES DE RESTRINGIR!

Ao transitar de uma dieta onívora para uma vegetariana ou vegana, recomenda-se o cuidado com a diversificação alimentar, a inclusão de novos ingredientes e o reforço especial no consumo de legumes e cereais integrais, entre outros vegetais, para que a exclusão da carne não provoque carências nutricionais.

Muita gente alega não conseguir se acostumar a não comer carne, mas nunca se deu conta da monotonia alimentar em que vive. A humanidade aproveita apenas 0,006% dos vegetais alimentícios disponíveis, desperdiçando um enorme potencial gastronômico. Assimilar novos ingredientes na cozinha pode ocasionar uma substituição natural, sem que a redução da proteína animal represente uma perda nutricional ou de prazer na alimentação.

COMIDA VARIADA

O Brasil é o país mais biodiverso do planeta, com uma variedade de plantas alimentícias tamanha que a ciência ainda está longe de desvendar todos os seus potenciais. A alimentação à base de vegetais estimula diariamente novas descobertas e o desenvolvimento de produtos naturais nutritivos e até medicinais.

Hoje, ora-pro-nóbis, taioba e peixinho-da-horta já se fazem presentes em livros e sites de receitas saudáveis, por serem saborosos e substanciais, com alto teor de proteína, ferro, fibras e outros nutrientes, e começam a aparecer com mais frequência nas feiras livres e nos mercados. O consumo desses vegetais amplia as possibilidades de alimentação e também de geração de renda para pequenos agricultores, já que são vegetais inexplorados pela agricultura convencional de grande escala.

CARNES: MENOS É MAIS!

Há alguns anos, criei o Mato no Prato, um movimento de popularização de plantas comestíveis pouco conhecidas pela maioria das pessoas, proporcionando uma alimentação extraordinária, que surpreende e conquista os paladares. Quando comecei esse movimento, minha dieta era onívora e eu não pretendia mudar. Minha família é de tradição caipira, e os pratos com carne são muito presentes e valorizados, porém, à medida que eu conhecia e incluía novos vegetais no meu cardápio, sentia cada vez menos necessidade de carne na minha alimentação. Com o passar do tempo, notei melhoras na minha saúde, senti a diferença na digestão das refeições e comecei a ver benefícios externos, como na pele, nas unhas e nos cabelos. E mais, descobri inúmeros vegetais que pertencem à minha tradição, mas estavam esquecidos ou se perdendo. O vegetarianismo se tornou uma forma de honrar minhas heranças culinárias e resgatar esses tesouros vegetais.

Beatriz Carvalho é geógrafa, especialista em educação ambiental e mestre em planejamento urbano e regional, trabalha com permacultura há dez anos e com plantas alimentícias não convencionais desde 2013 e é cocriadora do Mato no Prato, projeto de educação ambiental por meio da revolução alimentar.

REFERÊNCIAS

http://apps.einstein.br/revista/arquivos/PDF/518-v6n3aRW518portp365-73.pdf
https://www.e-publicacoes.uerj.br/index.php/demetra/article/view/4773/5167
https://nacoesunidas.org/fao-se-o-atual-ritmo-de-consumo-continuar-em-2050-mundo-precisara-de-60-mais-alimentos-e-40-mais-agua/
https://www.icmbio.gov.br/educacaoambiental/images/stories/biblioteca/rio_20/wwdr4-fatos-e-dados.pdf
https://revistagalileu.globo.com/Sociedade/noticia/2020/05/quanto-maior-o-consumo-de-carne-maior-o-risco-de-novas-pandemias.html
http://www.apm.org.br/publicacoes/rdt_online/RDT_v20n2.pdf#page=10
https://tede.pucsp.br/bitstream/handle/4199/1/Ernesto%20Luiz%20Marques%20Nunes.pdf
https://www.e-publicacoes.uerj.br/index.php/demetra/article/view/6609/5673
http://www.periodicos.usp.br/revistaingesta/article/view/164695/157917

BOLO AZUL
de jenipapo

BEATRIZ CARVALHO • RENDIMENTO: 8 PORÇÕES

MASSA

1 xícara de açúcar (100 g)

1 xícara de extrato de jenipapo verde (250 ml)

5 colheres (sopa) de óleo (70 ml)

uma pitada de sal (5 g)

1½ xícara de farinha de trigo (250 g)

1 colher (sopa) de fermento químico em pó (10 g)

EXTRATO DE JENIPAPO VERDE

15 g de jenipapo verde (*Genipa americana*)

2 xícaras de água ou leite vegetal (500 ml)

1. Para fazer o extrato, bata o jenipapo com a água ou o leite vegetal no mixer ou no liquidificador até misturar bem. Transfira para uma panela e leve para ferver. Assim que levantar fervura e o caldo estiver azul, desligue o fogo e espere esfriar. Deve estar em temperatura ambiente antes de ser utilizado.

2. Preaqueça o forno a 180 °C.

3. Na batedeira, coloque o açúcar, o extrato de jenipapo, o óleo e o sal e bata até obter um creme homogêneo. Sem parar de bater, peneire a farinha aos poucos, raspando a lateral da tigela com uma espátula, se necessário. Depois de colocar toda a farinha, desligue a batedeira e junte o fermento, mexendo delicadamente com uma colher.

4. Despeje a massa em uma fôrma grande untada com óleo e asse por 40 minutos; não abra a porta do forno antes de 30 minutos. Para saber se está assado, observe se a massa começa a soltar das bordas.

Não é necessário coar o extrato, pois a polpa não altera o sabor das receitas. O extrato pode ser usado em pães, bolos e outras massas, substituindo a água ou o leite. A tonalidade azul varia conforme a quantidade de jenipapo.

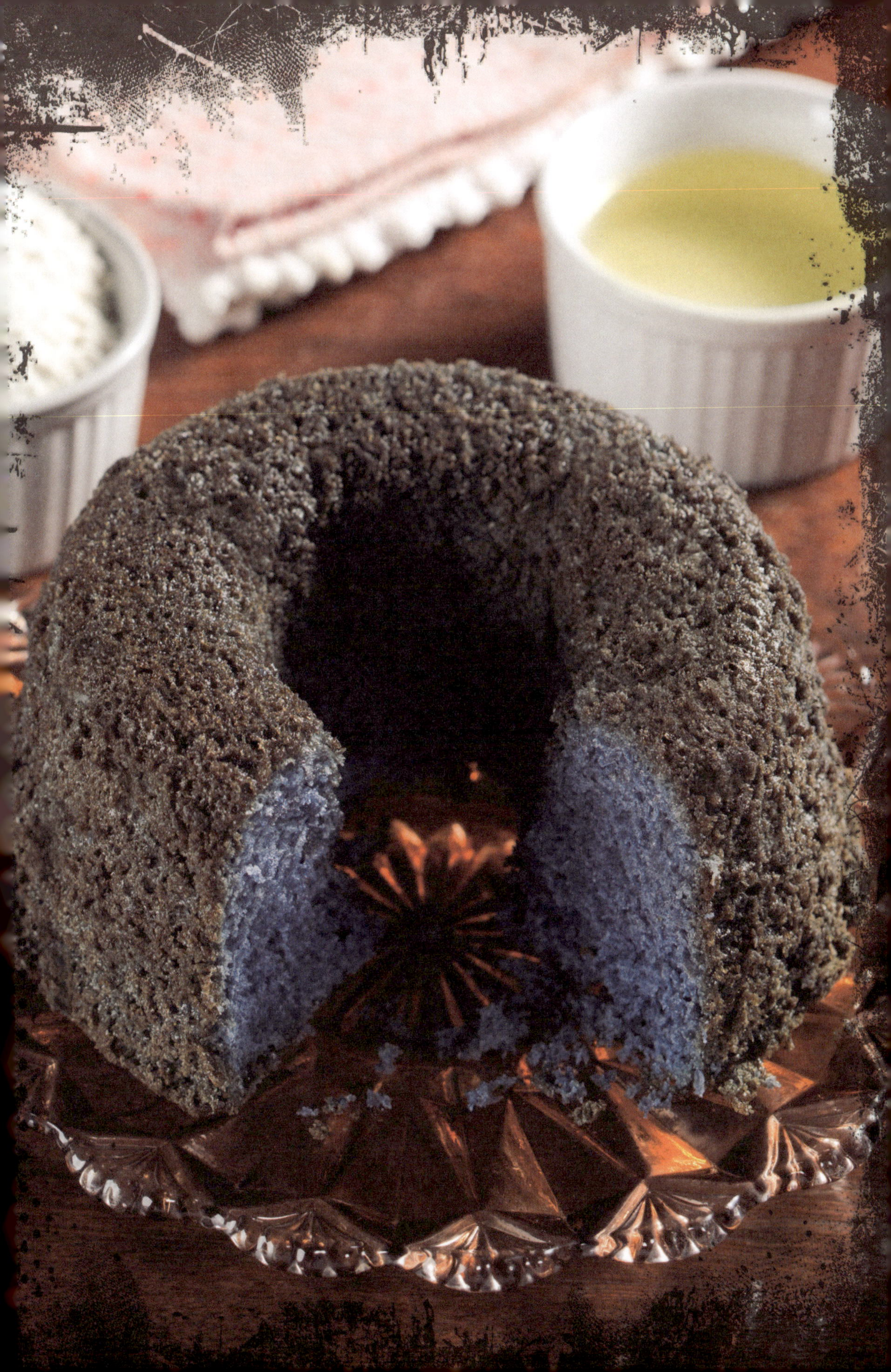

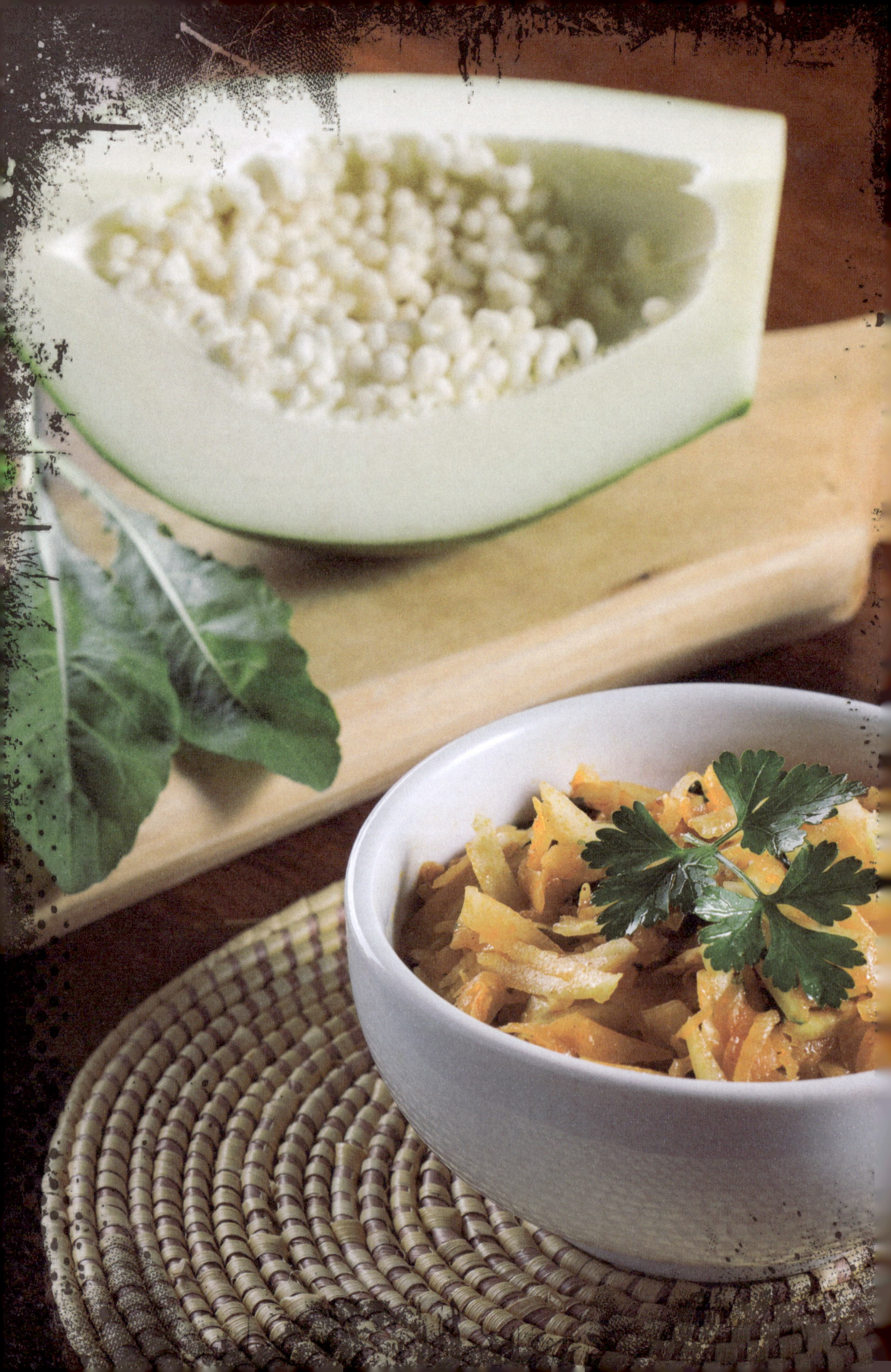

SALPICÃO
... de mamão verde

BEATRIZ CARVALHO • RENDIMENTO: 4 PORÇÕES

Ingredientes
1 mamão papaya, formosa ou caipira bem verde médio (400 g)
4 colheres (sopa) de azeite (50 ml)
1 cebola grande sem casca picada (100 g)
3 dentes de alho sem casca picados (30 g)
1 colher (chá) de páprica defumada (5 g)
1 colher (chá) de amido de milho (10 g)
¼ de xícara de água (50 ml)
salsinha e cebolinha picadas a gosto
sal a gosto

1. Risque a casca do mamão verde com a ponta da faca e coloque-o em pé encaixado em um copo ou tigela. Aguarde 5 minutos para escorrer o líquido, descasque e rale na espessura grossa. Reserve.

2. Em uma panela média, coloque o azeite e a cebola e refogue em fogo baixo até a cebola murchar. Acrescente o alho e espere até dourar. Junte o mamão ralado, misture bem e desligue o fogo. Tempere com a páprica.

3. Em uma tigelinha, misture bem o amido de milho e a água. Quando dissolver e ficar homogêneo, junte ao mamão verde, misturando bem. Adicione a salsinha e a cebolinha e acerte o sal.

CAPONATA
de mangará

BEATRIZ CARVALHO • RENDIMENTO: 6 PORÇÕES

- 4,5 litros de água
- 2 xícaras rasas de vinagre (400 ml)
- 3 colheres (sopa) de sal (20 g)
- 1 mangará (coração de bananeira) médio (aprox. 500 g)
- 2 xícaras de azeite (500 ml)
- 2 cebolas sem casca picadas (150 g)
- 3 dentes de alho sem casca picados (30 g)
- 1 pimentão vermelho sem sementes picado (100 g)
- 1 pimentão verde sem sementes picado (100 g)
- 1 pimentão amarelo sem sementes picado (100 g)
- ½ xícara de azeitona sem caroço picada (150 g)
- orégano a gosto
- ½ xícara de uva-passa preta sem semente (70 g)

1. Comece pelo pré-preparo do mangará. Leve para ferver duas panelas com 1,5 litro de água em cada uma. Em uma bacia grande, coloque 1,5 litro de água, 1 xícara de vinagre e 1 colher (sopa) de sal. Descarte as folhas mais externas do mangará e lave bem o restante para retirar a sujeira. Pique em pequenos pedaços e mergulhe na bacia rapidamente para não escurecer. Mexa bem e deixe por 15 minutos.

2. Quando a água estiver fervendo, coloque em uma das panelas 1 xícara de vinagre e 1 colher (sopa) de sal e mexa até que dissolva completamente. Escorra o mangará que está na bacia e coloque nessa panela. Após levantar fervura, cozinhe por 15 minutos, mexendo sempre.

3. Passado esse tempo, escorra o mangará e coloque na outra panela apenas com água fervente (não precisa de vinagre e sal). Cozinhe por 15 minutos, escorra e reserve.

4. Em uma panela grande, coloque o azeite e refogue a cebola em fogo baixo até ela murchar. Acrescente o alho e espere dourar. Junte os pimentões e refogue-os por cerca de 10 minutos, prestando atenção para não perderem a cor. Adicione o mangará reservado e refogue até a água secar. Coloque a azeitona e o orégano e misture. Tempere com o sal restante. Junte a uva-passa e mexa bem.

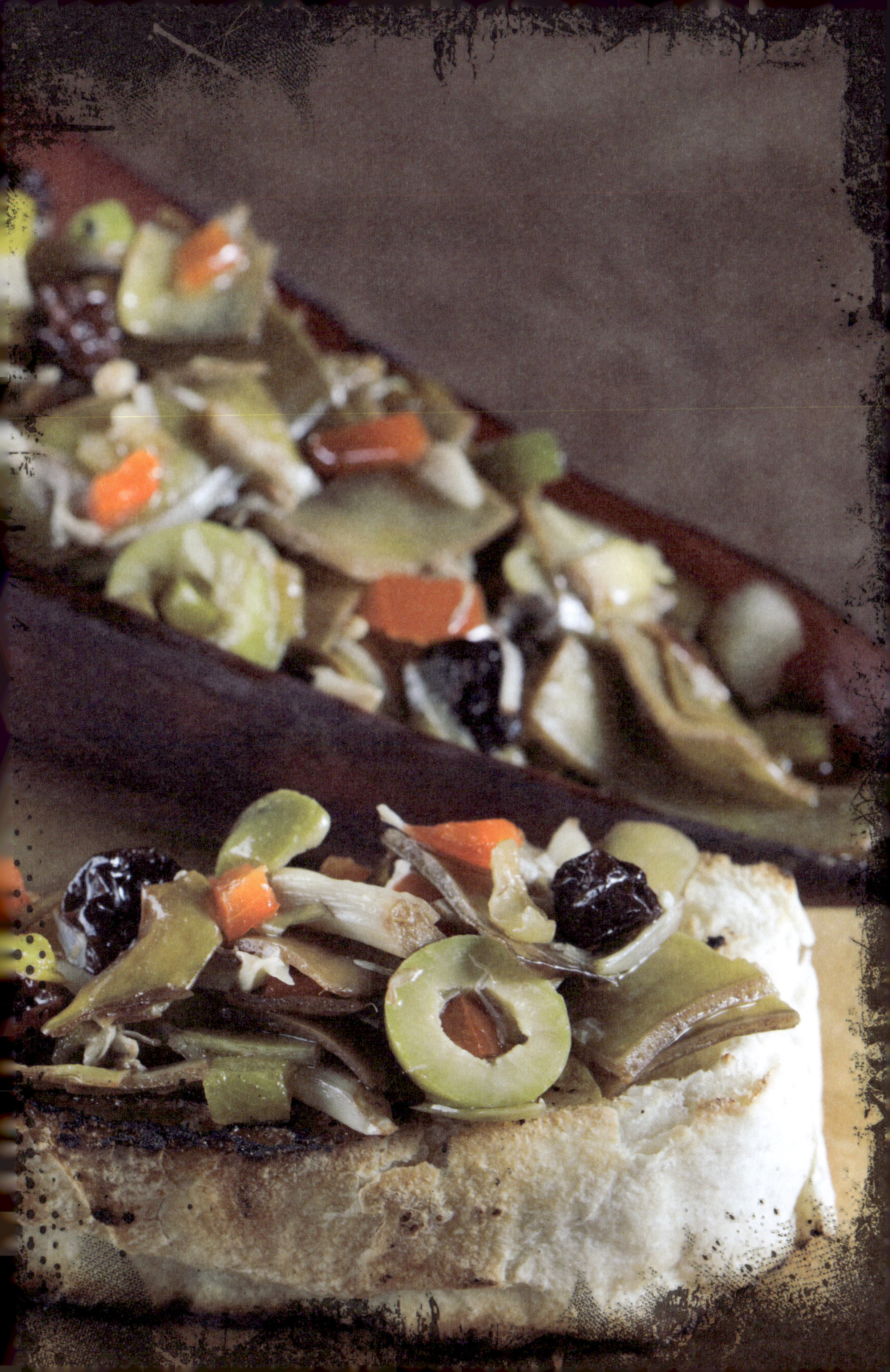

AMANTEIGADOS
floridos

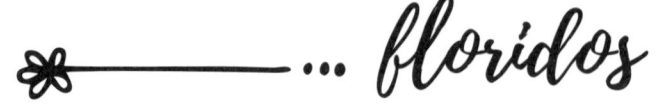

BEATRIZ CARVALHO • RENDIMENTO: 30 A 40 UNIDADES

---

200 g de manteiga sem sal

100 g de açúcar

1 ovo

extrato ou essência de baunilha a gosto

350 g de farinha de trigo

flores e folhas comestíveis a gosto

1. Misture com uma colher ou bata brevemente na batedeira a manteiga em temperatura ambiente e o açúcar até obter um creme pálido. Acrescente o ovo e algumas gotas de baunilha e bata novamente. Aos poucos, vá adicionando a farinha de trigo até que a massa fique homogênea. Modele-a em uma bola, envolva com filme plástico e leve à geladeira por 30 minutos.

2. Preaqueça o forno a 180 °C.

3. Passado o tempo de descanso, coloque uma folha de papel-manteiga por baixo e outra por cima da massa e abra-a por partes. Com ela aberta, retire o papel-manteiga de cima e distribua as flores e folhas comestíveis. Cubra novamente com o papel-manteiga e passe delicadamente o rolo para pressionar. Retire novamente o papel-manteiga e, com um cortador de massa (ou um molde improvisado), corte as bolachinhas no formato desejado.

4. Leve ao forno preaquecido e asse por 10 minutos, ou até dourar.

Anote as flores e folhas comestíveis que você pode usar nesta receita: maria-sem-vergonha (Impatiens walleriana), amor-perfeito (Viola tricolor), beldroega (Portulaca oleracea), onze-horas (Portulaca umbraticola), capuchinha (Tropaeolum majus), trevinho (Oxalis triangularis) e maravilha (Mirabilis jalapa).

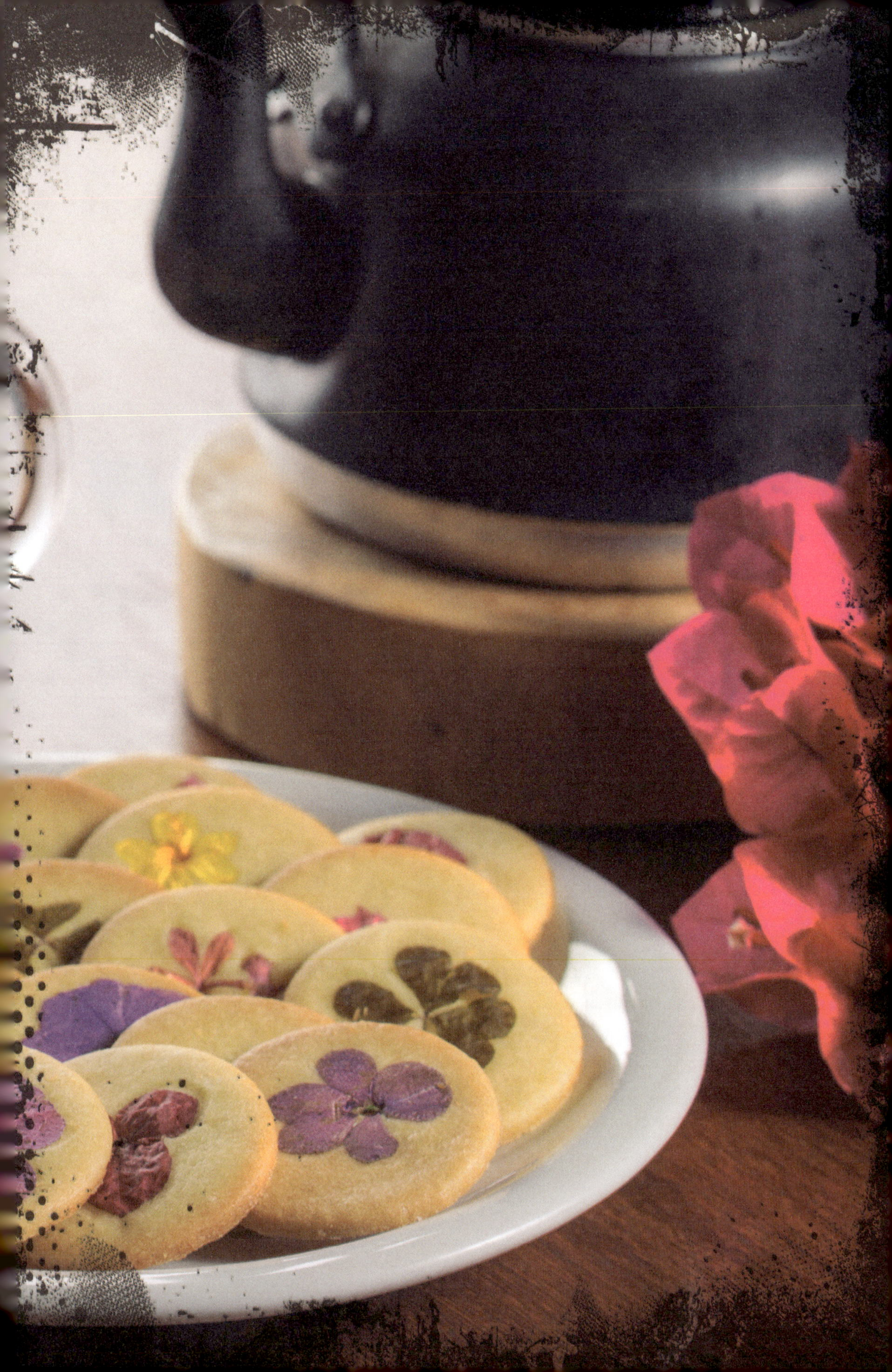

ALIMENTAÇÃO SEM CARNE E COM SAÚDE

Eric Slywitch

AO LONGO DE ANOS de atendimento no consultório, tenho visto que o maior receio das pessoas que desejam se tornar vegetarianas está relacionado a três grandes questionamentos.

O primeiro questionamento é: "o que devo colocar no lugar da carne?". A resposta não é "ovos e laticínios", pois, ao fazer isso, o indivíduo ingere maior quantidade de gordura. Além disso, como a intolerância à lactose atinge 80% da população mundial, o aumento de seu consumo potencializa distúrbios digestivos, especialmente relacionados a excesso de flatulência e alteração da consistência das fezes.

O ideal é substituir a carne pelo grupo das leguminosas – feijões, ervilha, lentilha, grão-de-bico – ou derivados, como o tofu. A conta é simples: a quantidade máxima de carne recomendada pelo Ministério da Saúde é de 100 g por dia, que pode ser substituída por feijão cozido, por exemplo; bastam de cinco a sete colheres de sopa ou uma concha. Essa troca fornece, igualmente, 190 kcal e não tem impacto no peso corporal.

O segundo questionamento de quem pretende adotar uma dieta vegetariana é: "o reino vegetal fornece, realmente, o que precisamos em termos de nutrientes?". A resposta é "sim". Todos os nutrientes são encontrados em abundância nos alimentos vegetais, e mais adiante falaremos especificamente dos nutrientes que mais merecem a atenção dos vegetarianos.

Por fim, o terceiro questionamento pode ser resumido assim: "os nutrientes presentes nos vegetais são bem absorvidos pelo organismo?". Sim, mas é preciso observar as particularidades de cada nutriente.

- O QUE DEVO COLOCAR NO LUGAR DA CARNE?

- O REINO VEGETAL FORNECE, REALMENTE, O QUE PRECISAMOS EM TERMOS DE NUTRIENTES?

- OS NUTRIENTES PRESENTES NOS VEGETAIS SÃO BEM ABSORVIDOS PELO ORGANISMO?

MAIS NUTRIENTES NO DIA A DIA

Todas as dietas têm particularidades, mas aqui vamos tratar especificamente dos vegetarianos. Geralmente, essas pessoas devem prestar atenção no aumento da ingestão de ferro, cálcio, zinco e vitamina B12.

A falta de ferro pode ocorrer por baixa oferta alimentar (dieta carente, desnutrição), má absorção (ausência de ácido no estômago, cirurgia para retirada do estômago), aumento da demanda do organismo (gestação, fases de crescimento acelerado) e perda de ferro (menstruação, sangramento crônico). Vale notar que essas situações podem ser simultâneas, como no caso de uma gestante obesa, com dieta pobre em ferro, que usa antiácido por causa de azia e tem hemorroida que sangra. Lembre-se: a alimentação inadequada pode contribuir para a deficiência de ferro, mas não é o motivo principal. A perda de sangue é o fator mais comum que leva à deficiência no adulto. Se isso ocorrer, ajustar a alimentação e corrigir (quando possível) os fatores que causam má absorção ou perda de sangue é sempre importante, mas o uso do suplemento de ferro é fundamental para o equilíbrio dos níveis do mineral.

A quantidade de cálcio ingerida não é um problema para os vegetarianos que consomem leite e queijos regularmente, e costuma até ser mais adequada que a dos onívoros. No entanto, para os veganos, é comum ela estar abaixo do recomendado, geralmente entre 500 mg e 700 mg/dia. Para muitos, essa quantidade é o suficiente. No entanto, apenas exames laboratoriais a pedido de um médico podem confirmar isso.

Já o zinco é, geralmente, menos presente na alimentação de vegetarianos do que de onívoros. Mesmo assim, a dieta vegetariana pode e costuma fornecer zinco mais do que suficiente para atender à quantidade nutricional recomendada. É comum os vegetarianos ingerirem até mais do que necessitam. E isso, por si só, torna a dieta completamente segura.

Por fim, é preciso especificar, a vitamina B12 é produzida por bactérias, e as plantas não possuem nem necessitam dela para seu funcionamento. Os animais herbívoros obtêm a vitamina B12 por meio da flora intestinal, que sintetiza essa vitamina em abundância, assim como de plantas contaminadas com fezes (muitas vezes pelas próprias) que contêm as bactérias produtoras de vitamina B12. Para os seres humanos, a maior ingestão dessa vitamina ocorre a partir do consumo de carne animal, laticínios e ovos. No caso dos vegetarianos, por meio de ovos, leite e laticínios. Já nos veganos, a ingestão de vitamina B12 por intermédio dos alimentos pode ser considerada nula ou desprezível; por isso, é recomendável realizar exames periódicos e se consultar com um médico para avaliar a necessidade de suplementação.

OS GRUPOS ALIMENTARES PARA VEGETARIANOS

Para montar um cardápio vegetariano com facilidade, separei os alimentos em grupos. A classificação apresenta algumas diferenças na comparação com uma dieta onívora, as quais explico logo a seguir.

GRUPO DOS CEREAIS

A principal recomendação é consumir cereais integrais, a exemplo dos grãos do trigo, do centeio e da aveia. Lembre-se de que as fibras, presentes nos alimentos integrais, promovem uma sensação maior de saciedade e não aumentam o valor calórico da refeição. É importante não restringir a alimentação a produtos como pão e macarrão integrais, pois, infelizmente, grande parte dos produtos encontrados no mercado contém uma quantidade vergonhosamente pequena de farinha integral.

É preciso explicar que o refinamento dos cereais objetiva modificar a textura do grão e aumentar sua durabilidade e seu tempo de estocagem. Nesse processo, ocorre a remoção de fibra dietética, ferro, zinco e diversas vitaminas do complexo B. O enriquecimento industrial de produtos refinados (por meio da adição de vitaminas e minerais) é uma prática que encontramos, no Brasil, basicamente para a farinha de trigo, que recebe adição de ferro e ácido fólico, mas não de fibras. Também é importante saber que vários estudos demonstram que o alimento refinado é nocivo por fomentar o surgimento e o agravamento de doenças crônicas, como diabetes, doenças cardiovasculares e alguns tipos de câncer.

Vale destacar que o cereal refinado é bastante comum na alimentação do brasileiro e costuma ocupar boa parte do prato da maioria de nós, mas pode ser reservado às situações nas quais há intenção de aumentar a ingestão calórica, como em crianças com dificuldade de ganhar peso. Se você é vegetariano e consome esses alimentos com frequência, saiba que está fazendo uma má escolha. A troca pelo cereal integral faz muita diferença no cardápio e na saúde. Quando você opta por um alimento refinado, podemos dizer que está se prejudicando em dobro: pelo fato de usar um produto ruim para a saúde e por deixar de comer um alimento bom, que é o cereal integral.

GRUPO DOS ALIMENTOS RICOS EM PROTEÍNA

Para os onívoros, a carne é o principal representante dos alimentos ricos em proteína. Já vimos que as leguminosas (feijões, soja, ervilha etc.) são seus substitutos.

Os feijões são considerados tão benéficos para a saúde que devem ser consumidos mesmo que o indivíduo já tenha outras fontes proteicas, como a carne (para os onívoros). O Departamento de Agricultura dos Estados Unidos considera que os feijões e as ervilhas fornecem tanto ferro, zinco e proteínas quanto as carnes (boi, frango e peixe). Além disso, são fontes de fibras alimentares, ausentes nas carnes.

No Brasil, o feijão é bastante utilizado por causa do hábito alimentar da população, porém, estudos mostram que, infelizmente, cada vez mais essa leguminosa perde espaço no prato do brasileiro.

Vale lembrar que as oleaginosas podem oferecer uma quantidade interessante de proteínas, mas longe de serem comparadas aos feijões. A maioria delas oferece um pouco mais de proteína do que os cereais. Seu teor de óleo é grande, sendo, por isso, também parte do grupo dos óleos.

Convém destacar que ovos e laticínios também são fontes proteicas importantes e, por isso, considero que eles compõem esse grupo de alimentos. Na pirâmide alimentar tradicional, leite e laticínios formam um grupo à parte, pois são bastante utilizados por fornecer cálcio. Mas, para contemplar escolhas que incluam o vegetariano estrito, agrego esse grupo ao dos alimentos ricos em proteína.

Para quem consome leite e derivados, a recomendação é optar por produtos com baixo teor de gordura, já que a oferta de cálcio é similar, independentemente da oferta de gordura. Nesse sentido, é importante desconstruir um mito a respeito dos queijos. Saiba que não existe queijo magro, porque 70% de suas kcal provêm da gordura. O queijo branco tem quase essa quantidade, e a ricota possui cerca de 55% de gordura. Ou seja, existem apenas queijos menos gordos.

Portanto, lembre-se de que as fontes proteicas são as carnes, os ovos, os laticínios e as leguminosas. Para o vegetariano, a exclusão da primeira é mandatória, e a escolha da última é a mais sábia.

É muito comum que o vegetariano que não recebeu orientação adequada substitua as carnes por laticínios, aumentando consideravelmente o consumo desse tipo de produto. Isso potencializa sintomas que antes estavam camuflados ou mais discretos por ingerir menor quantidade desses alimentos. Assim, preste muita atenção nos sintomas decorrentes da intolerância à lactose, como sensação de refluxo, azia e, especialmente, excesso de flatulência e alteração na consistência das fezes.

GRUPO DAS **HORTALIÇAS**

As verduras, os legumes e os vegetais amiláceos (batatas e afins) compõem o grupo das hortaliças.

Dê preferência, em primeiro lugar, às verduras, escolhendo as mais ricas em cálcio. Em segundo lugar, consuma legumes e, por último, amiláceos.

Não se iluda pensando que tem uma alimentação rica em hortaliças ao ingerir batatas e afins. É essencial comer maior quantidade de verduras e legumes. Na pirâmide onívora, os amiláceos fazem parte do grupo dos cereais em razão do seu elevado teor de carboidratos. No entanto, eles são muito menos proteicos do que os cereais. Assim, especialmente na dieta vegetariana estrita, recomendo não incluir os vegetais amiláceos no grupo dos cereais. Já na dieta ovolactovegetariana, se houver ovos e laticínios no prato, esses alimentos podem ser considerados como se fossem do grupo dos cereais.

GRUPO DAS **FRUTAS**

Este grupo contempla as frutas frescas, as desidratadas e seus sucos. A melhor escolha costuma ser a fruta inteira e *in natura*.

GRUPO DOS **ÓLEOS**

É formado por óleos e gorduras. A importância desse grupo está no fornecimento de energia e de dois tipos de lipídios que nosso organismo necessita, mas que não consegue produzir: os ácidos graxos ômega-3 e ômega-6.

Tenha em mente que você não precisa usar nenhum óleo concentrado na sua dieta. Basta comer os alimentos *in natura*. Mas, se preferir aumentar a ingestão de óleos, opte pelas oleaginosas, que podem ser consideradas fontes concentradas. Essa recomendação tende a ser um pouco diferente no caso das crianças, que precisam de uma quantidade maior de gordura do que os adultos. Portanto, ao retirar a carne, que é um alimento gorduroso, da dieta dos pequenos, convém utilizar mais óleos (como o de oliva e o de linhaça) e o abacate.

ELABORANDO O CARDÁPIO
VEGETARIANO

Neste livro, a maioria dos cardápios e das pirâmides apresenta o número de porções de cada grupo alimentar que devemos usar diariamente. Isso pode ser muito útil para o profissional de saúde, mas nem sempre para os leigos. Pensando nesse aspecto, para os profissionais que buscam opções de proporções e números de porções, recomendo a leitura do *Guia alimentar de dietas vegetarianas*, material que está disponível no meu site gratuitamente. Com linguagem mais técnica, o guia contém quase 200 referências científicas, com diversas possibilidades de compor os grupos, dentro do modelo de porções.

Neste texto, minha ideia é facilitar o entendimento para quem não é profissional de saúde. Optei por mostrar várias alternativas de elaboração de pratos diferentes. Como sempre digo, não há um único jeito de preparar um cardápio saudável e completo.

www.alimentacaosemcarne.com.br

PRATO CHEIO

A partir das diretrizes descritas a seguir, a composição do prato saudável fica assim: metade do seu conteúdo é de hortaliças, e a metade que sobrou é dividida ao meio, sendo preenchida igualmente por cereais (como arroz) e leguminosas (como feijões). É interessante mencionar que, mesmo em uma dieta vegetariana estrita com pouca variação alimentar, a ingestão diária de uma concha de feijão costuma ultrapassar com ampla margem de segurança a quantidade mínima recomendada de lisina, o aminoácido essencial mais procurado nos vegetais. Assim, como meta, sugiro consumir, no mínimo, essa porção de feijão por dia.

Apesar de ser muito divulgada a ideia de que feijão e arroz devem sempre ser consumidos juntos, isso não é verdade nem tem embasamento científico. Caso você tenha feito um almoço constituído apenas pelo grupo dos cereais e hortaliças (como uma macarronada com molho de tomate e salada), pode utilizar maior quantidade de alimentos ricos em proteínas no jantar, como uma sopa de ervilha e salada.

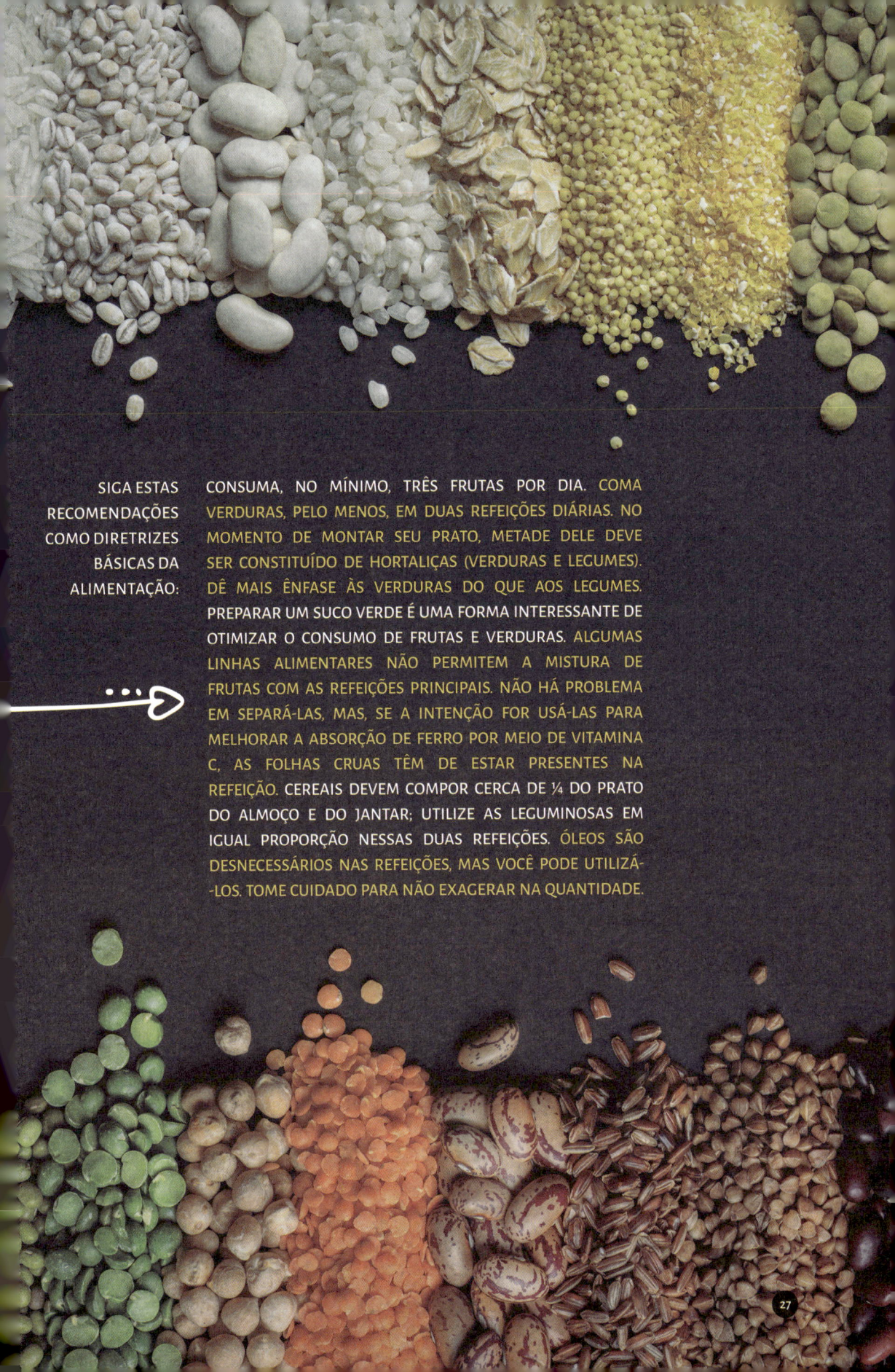

SIGA ESTAS RECOMENDAÇÕES COMO DIRETRIZES BÁSICAS DA ALIMENTAÇÃO: CONSUMA, NO MÍNIMO, TRÊS FRUTAS POR DIA. COMA VERDURAS, PELO MENOS, EM DUAS REFEIÇÕES DIÁRIAS. NO MOMENTO DE MONTAR SEU PRATO, METADE DELE DEVE SER CONSTITUÍDO DE HORTALIÇAS (VERDURAS E LEGUMES). DÊ MAIS ÊNFASE ÀS VERDURAS DO QUE AOS LEGUMES. PREPARAR UM SUCO VERDE É UMA FORMA INTERESSANTE DE OTIMIZAR O CONSUMO DE FRUTAS E VERDURAS. ALGUMAS LINHAS ALIMENTARES NÃO PERMITEM A MISTURA DE FRUTAS COM AS REFEIÇÕES PRINCIPAIS. NÃO HÁ PROBLEMA EM SEPARÁ-LAS, MAS, SE A INTENÇÃO FOR USÁ-LAS PARA MELHORAR A ABSORÇÃO DE FERRO POR MEIO DE VITAMINA C, AS FOLHAS CRUAS TÊM DE ESTAR PRESENTES NA REFEIÇÃO. CEREAIS DEVEM COMPOR CERCA DE ¼ DO PRATO DO ALMOÇO E DO JANTAR; UTILIZE AS LEGUMINOSAS EM IGUAL PROPORÇÃO NESSAS DUAS REFEIÇÕES. ÓLEOS SÃO DESNECESSÁRIOS NAS REFEIÇÕES, MAS VOCÊ PODE UTILIZÁ-LOS. TOME CUIDADO PARA NÃO EXAGERAR NA QUANTIDADE.

DICAS IMPORTANTES

Escolha diferentes alimentos para compor sua alimentação. Essa variação não precisa ser excessiva nem diária. Assim, se você cozinhou feijão-preto, não há problema em comê-lo por três a sete dias seguidos. Mas é interessante que, na próxima vez, mude o tipo de leguminosa, usando, quem sabe, a lentilha. Se na compra da semana você optou por banana, laranja e pera, na seguinte leve mamão, manga e abacate para casa, por exemplo. Dentro de cada grupo alimentar, escolha sempre os alimentos mais ricos em cálcio, ferro e zinco. Se você for vegano, o cálcio deve ser o mineral mais presente ao montar seu cardápio. Nas refeições ricas em cálcio, evite os alimentos ricos em ácido oxálico, que dificulta a absorção do cálcio. Exemplos desses alimentos são espinafre cozido, beterraba cozida e cacau em pó. Reduza o ácido fítico dos alimentos, especialmente dos feijões, por meio da germinação ou do remolho dos grãos e da fermentação da farinha no preparo de pães. Utilize temperos naturais em abundância, pois eles são riquíssimos em nutrientes e antioxidantes. Ao escolher os óleos, dê preferência aos ricos em ômega-3. Utilize oleaginosas e sementes como equivalentes do grupo dos óleos. Certifique-se de que você consegue obter vitamina D suficiente para o seu organismo. Nesse sentido, a exposição ao sol é fundamental. Do contrário, o uso de suplementos pode ser uma opção. Preste atenção na vitamina B12. Se você adota uma linha vegetariana que trabalha com regras específicas para combinar grupos alimentares – por exemplo, não misturar cereais com leguminosas –, procure consumir os dois grupos ao longo do dia. Se você tem o hábito de usar mel ou açúcar, procure substituí-los por melado de cana ou açúcar mascavo, pois eles contêm mais ferro. Coma comida, e não conservantes, corantes, aromatizantes, estabilizantes. Quanto mais nomes estranhos aparecem no rótulo, pior eles são. Alimento saudável é integral e não possui mais do que um ingrediente. Exercite-se! Atividade física regular é fundamental para o bom funcionamento do organismo e está diretamente relacionada à utilização dos nutrientes consumidos.

TROQUE...	POR...
CARNES	FEIJÕES
QUEIJOS E OVOS	TOFU, HOMUS, BABAGANUCHE, ALIMENTOS RICOS EM CÁLCIO
FRITURAS	ALIMENTOS CRUS OU COZIDOS
DOCES	FRUTAS
ALIMENTOS REFINADOS	ALIMENTOS INTEGRAIS
ÓLEOS (MESMO AZEITE)	USE POUCO OU NENHUM OU PREFIRA CONDIMENTOS NATURAIS
ÁLCOOL E REFRIGERANTES	ÁGUA E SUCOS
ALIMENTAÇÃO EM EXCESSO	ALIMENTAÇÃO EM QUANTIDADE ADEQUADA

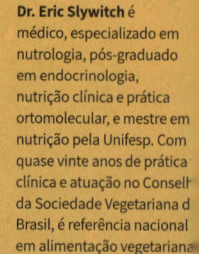

Dr. Eric Slywitch é médico, especializado em nutrologia, pós-graduado em endocrinologia, nutrição clínica e prática ortomolecular, e mestre em nutrição pela Unifesp. Com quase vinte anos de prática clínica e atuação no Conselho da Sociedade Vegetariana do Brasil, é referência nacional em alimentação vegetariana e vegana.

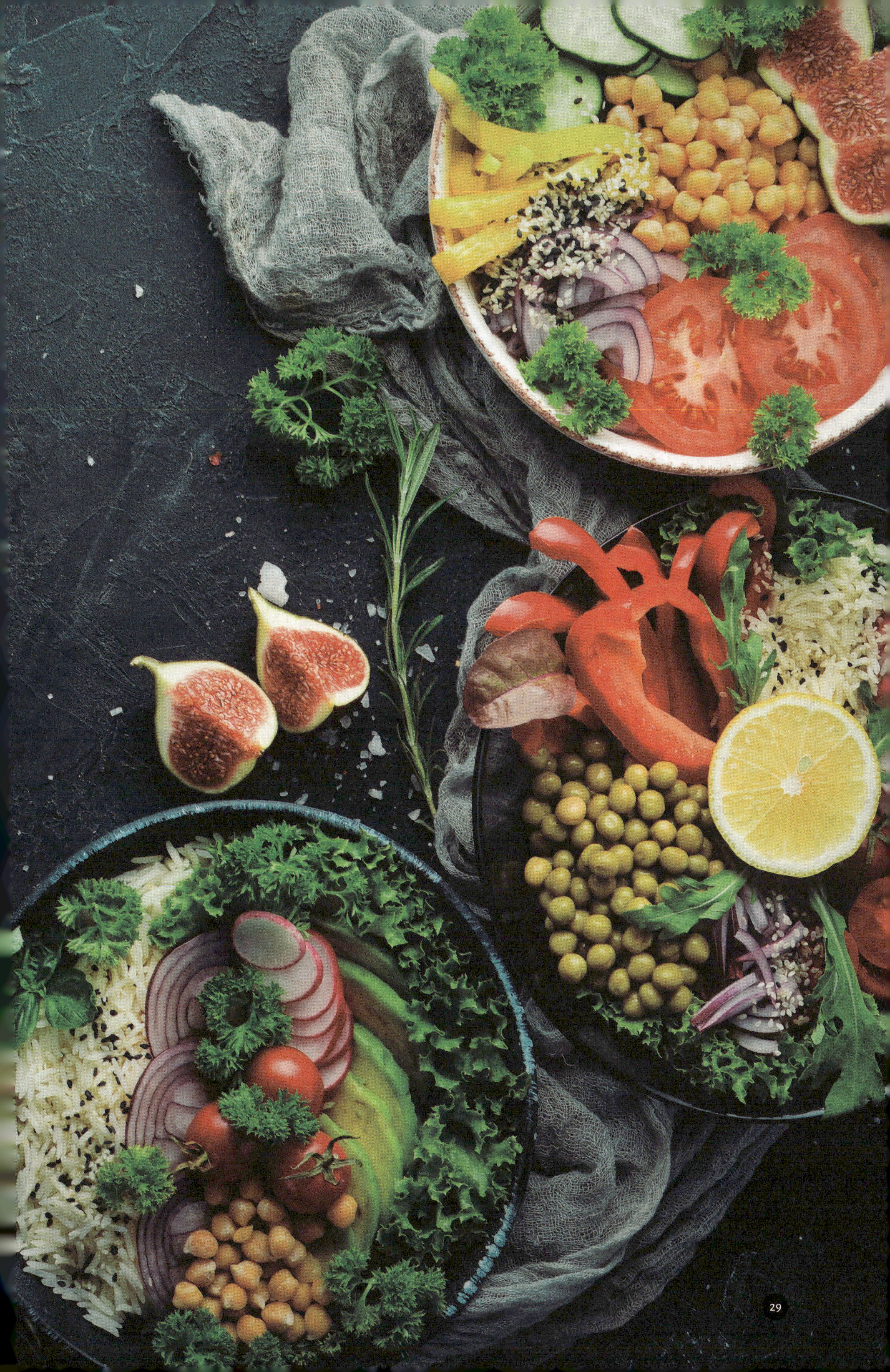

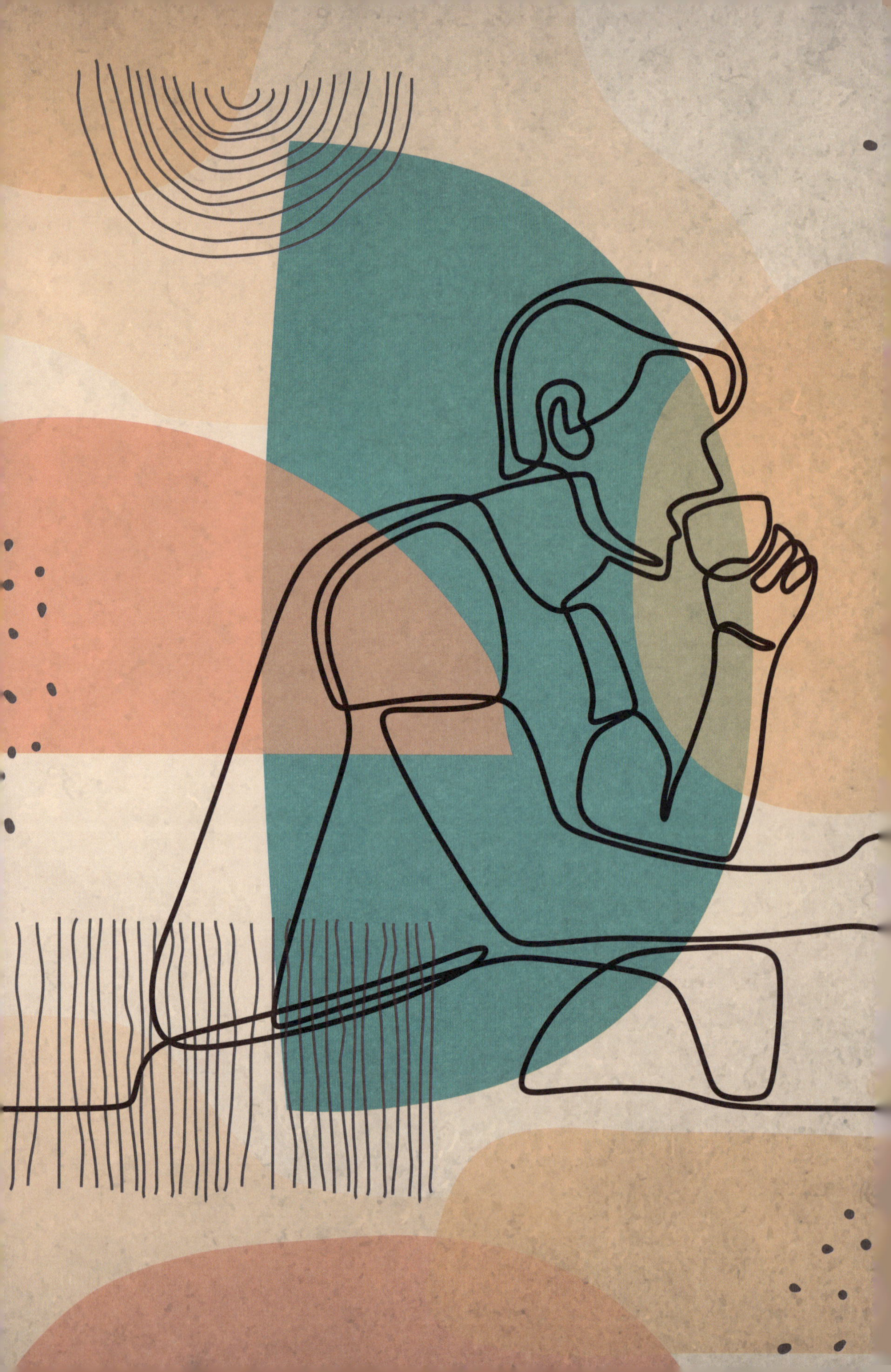

_____ Start

NO DIA

PÃO
de fôrma

ANDRÉ FRONZA • RENDIMENTO: 12 PORÇÕES

1 xícara de água morna (250 ml)

½ colher (sopa) de fermento biológico seco (5 g)

2 colheres (chá) de açúcar demerara (8 g)

1½ xícara de farinha de trigo (230 g)

1 xícara de farinha de trigo integral (140 g), mais um pouco para polvilhar

1 colher (chá) de sal (5 g)

3 colheres (sopa) de óleo vegetal (45 ml), mais um pouco para untar

1. Em uma tigelinha, misture a água morna, o fermento biológico e o açúcar demerara até dissolver. Deixe descansar por cerca de 10 minutos, até começar a espumar.

2. Em um recipiente grande, misture as farinhas com o sal e abra um buraco no centro. Acrescente o fermento dissolvido e o óleo. Incorpore a farinha aos poucos, misturando com a mão do centro para a borda.

3. Amasse e estique a massa por cerca de 10 minutos, até ficar macia e úmida. Se preferir, sove a massa na bancada ou na batedeira com o gancho. Reserve.

4. Unte uma fôrma de pão (22 cm × 10 cm) com óleo e polvilhe farinha de trigo integral. Transfira a massa para a fôrma e achate até formar um retângulo. Não precisa espalhar pela fôrma toda. Cubra com um pano de prato limpo e deixe crescer por cerca de 1 hora.

5. Quando faltar 10 minutos para terminar o tempo de crescimento do pão, preaqueça o forno a 180 °C. Depois, leve a fôrma ao forno e asse por cerca de 40 minutos, até dourar.

6. Retire do forno e desenforme sobre uma grelha. Se o pão esfriar na fôrma ou sobre uma superfície lisa, pode acumular vapor sobre a superfície e amolecer a casca.

Para enriquecer o pão, você pode pincelar óleo sobre a massa e polvilhar aveia e sementes de linhaça, chia, girassol e abóbora antes de assar.

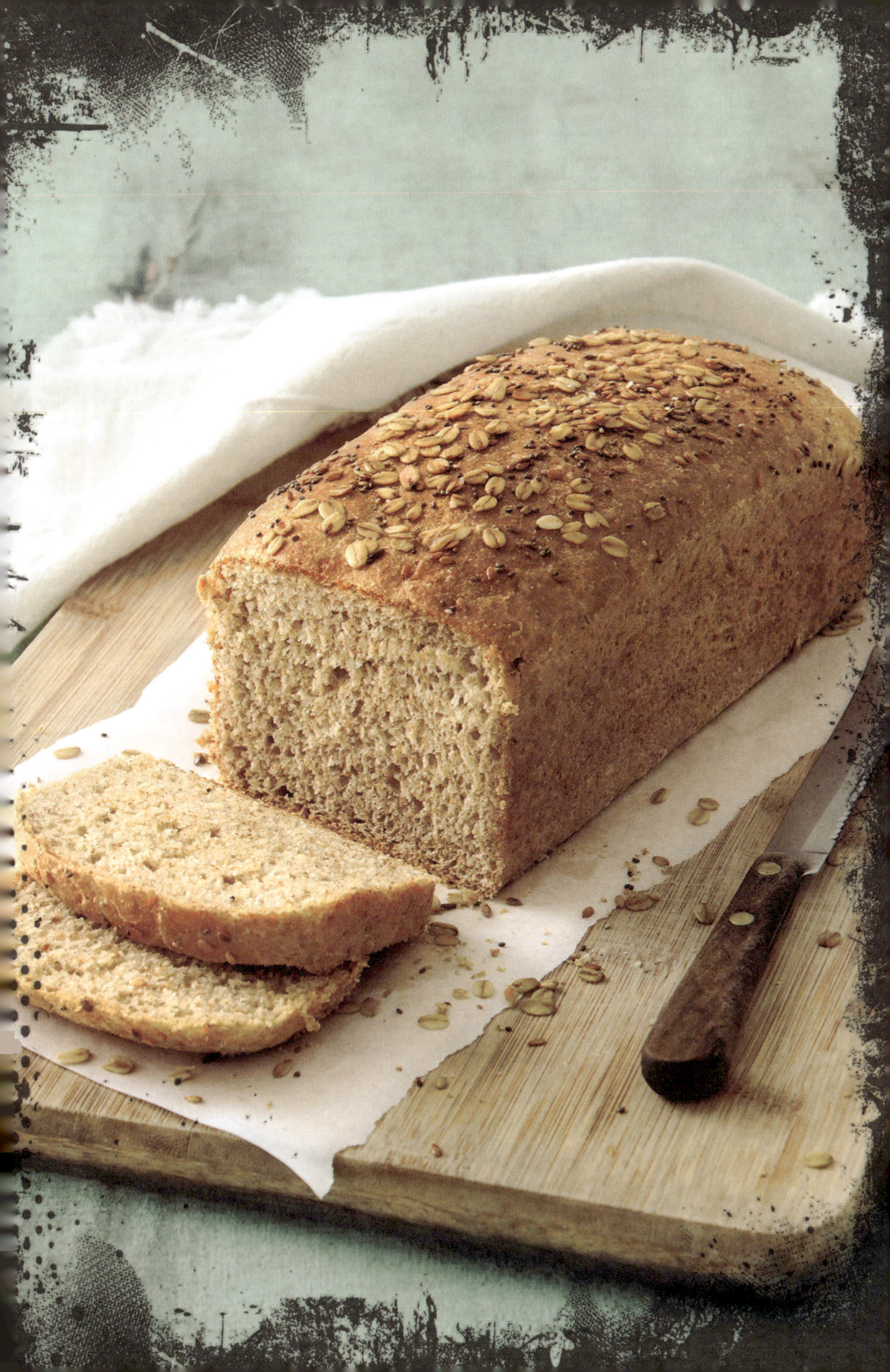

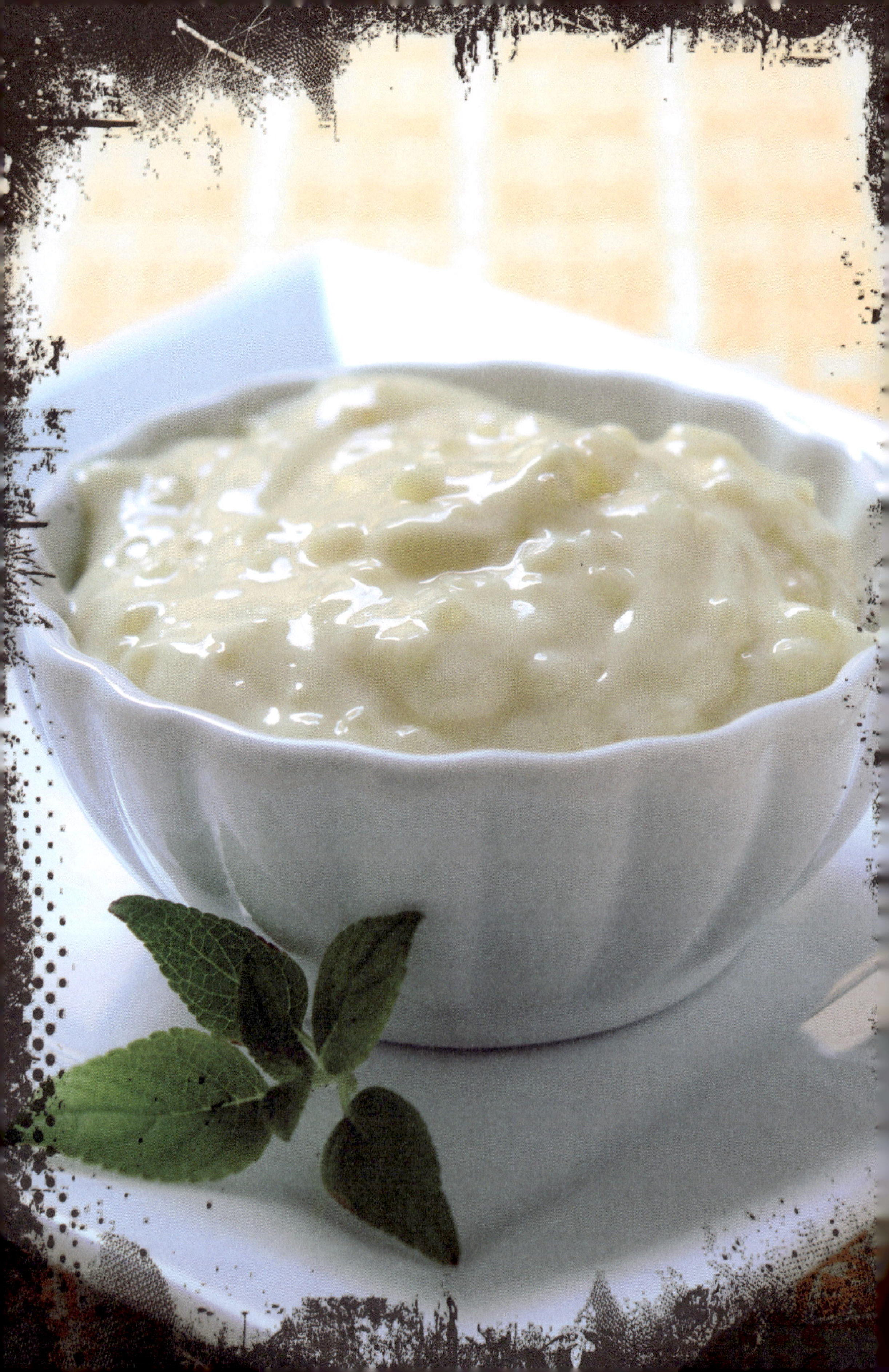

MINGAU
de tapioca

TEREZA PAIM • RENDIMENTO: 8 PORÇÕES

1 litro de leite frio
220 ml de leite de coco
100 g de farinha de tapioca quebrada ou bolinha
2 g de sal
100 g de açúcar
3 cravos-da-índia
1 canela em pau
canela em pó a gosto para polvilhar

1. Em uma panela funda, coloque o leite frio e adicione todos os outros ingredientes (exceto a canela em pó). Misture bem e deixe descansar por 10 minutos.

2. Leve a mistura ao fogo médio e mexa para não pegar no fundo da panela. Quando começar a ferver, baixe bem o fogo e continue mexendo. Deixe cozinhar por alguns minutos, sem parar de mexer, até o mingau engrossar.

3. Desligue o fogo e sirva o mingau quente, polvilhando canela em pó.

Este mingau fica mais gostoso quando feito com a tapioca quebradinha, tipo beiju, que é mais comum na Bahia. (Por isso, quando visitar a Bahia, compre um ou mais sacos de beiju e mantenha-os fechados e longe da luz. Duram pelo menos um ano.) Se deixar o mingau na geladeira ou no congelador, acrescente mais leite para afinar antes de consumir, pois a tapioca vai soltando amido e, com isso, engrossando o mingau.

CUSCUZ
de milho

CALOCA FERNANDES • RENDIMENTO: 8 PORÇÕES

1 xícara de coco ralado grosso
2⅓ xícaras de flocos de milho pré-cozidos
1 xícara de açúcar
uma pitada de sal
2 xícaras de leite de coco

1. Em uma tigela, coloque o coco ralado, os flocos de milho, metade do açúcar e a pitada de sal. Misture bem.

2. Leve um cuscuzeiro ao fogo alto, com água na parte inferior, e deixe ferver.

3. Enquanto isso, abra um quadrado de pano fino (morim, por exemplo) sobre uma superfície e coloque a mistura de coco e flocos de milho no centro. Dobre as pontas do pano sobre a mistura e coloque na parte superior do cuscuzeiro. Tampe, leve ao fogo alto e cozinhe por 10 a 15 minutos ou até ficar firme.

4. Tire do fogo e deixe amornar com o cuscuzeiro tampado.

5. Prepare um molho misturando o leite de coco com o açúcar restante.

6. Passe o cuscuz para um prato de servir e regue com metade do molho. Sirva o restante em uma molheira para acompanhar o cuscuz.

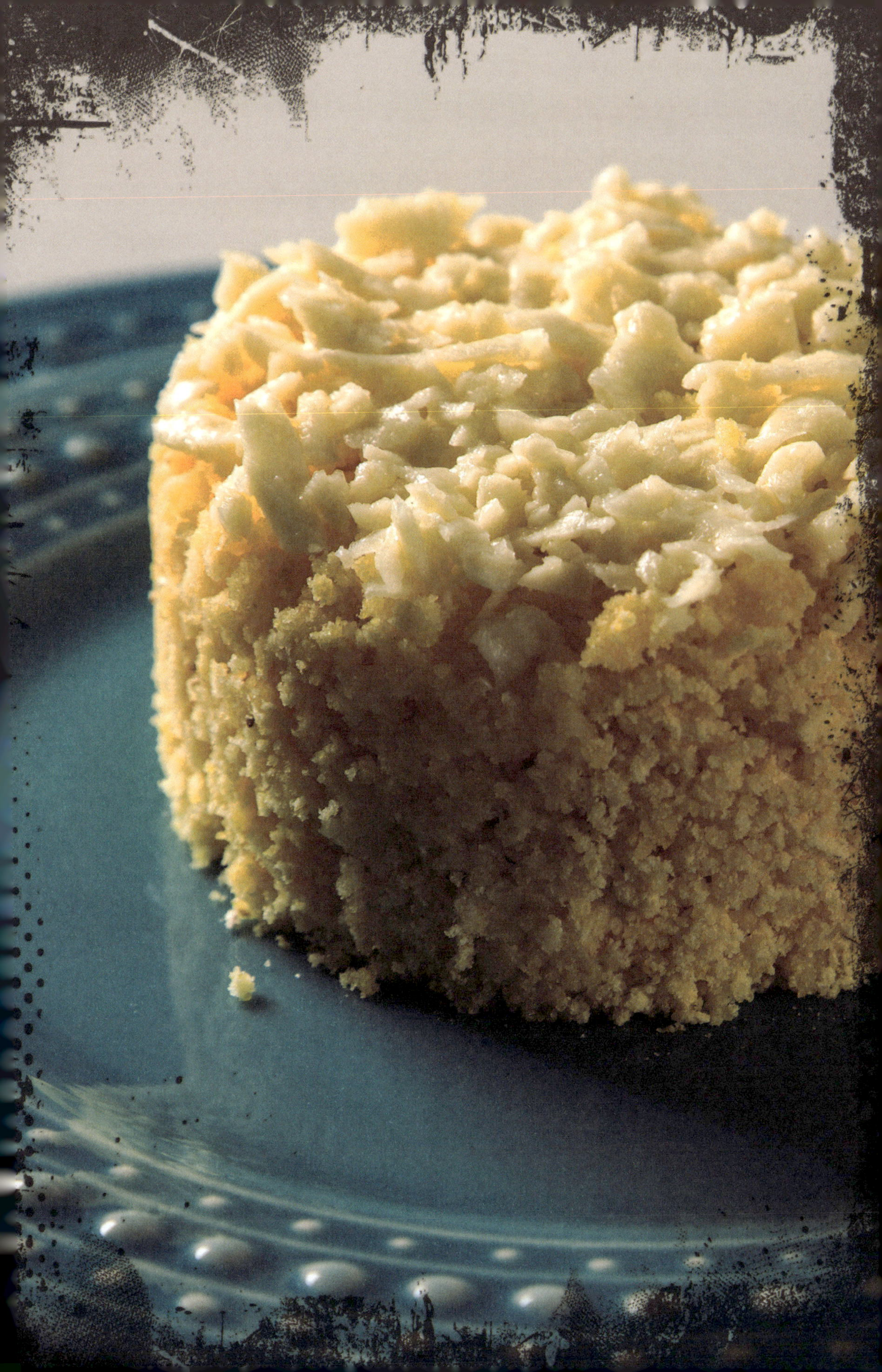

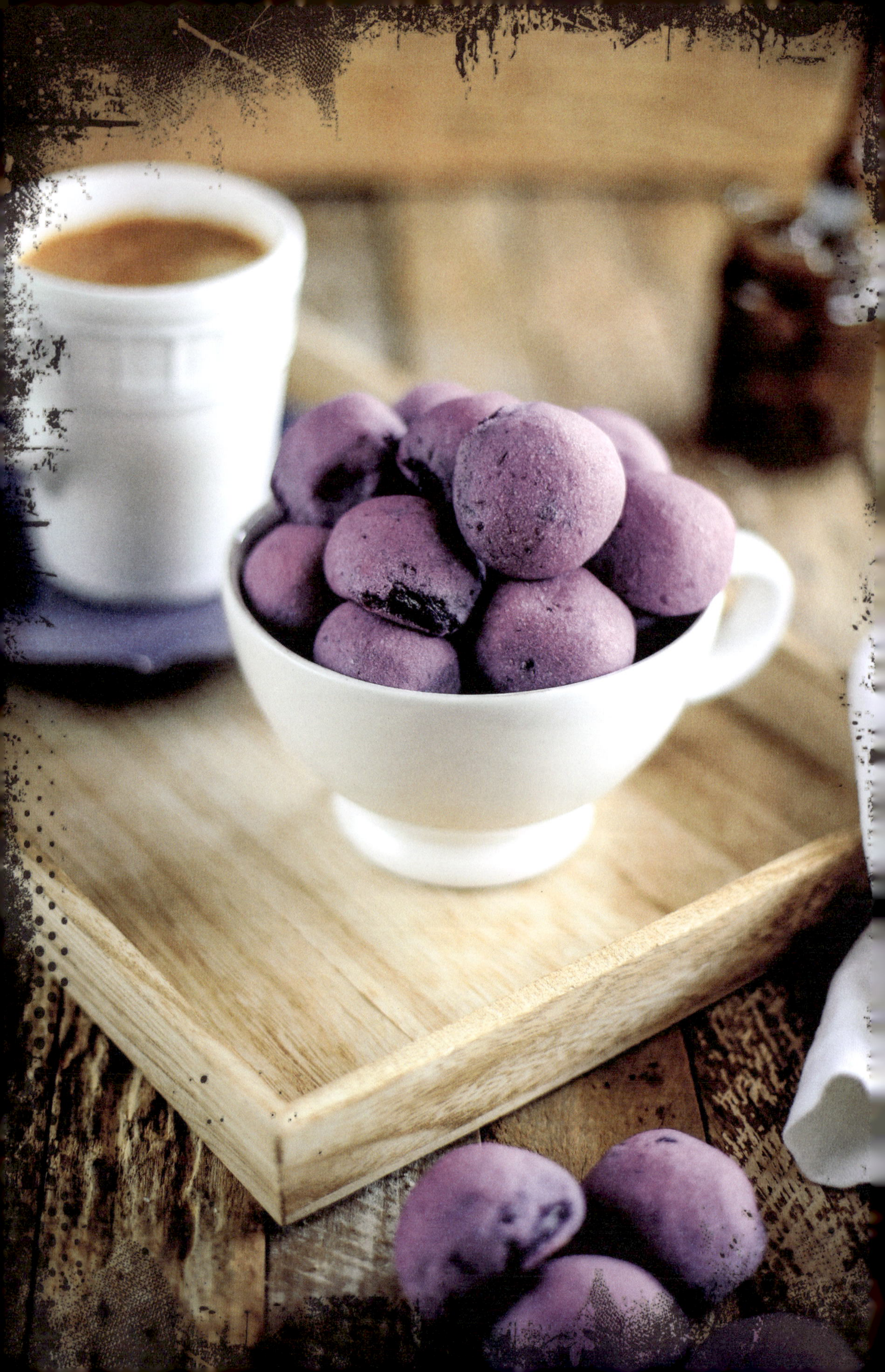

PÃO
roxo

JULIA GUEDES • RENDIMENTO: 12 A 15 UNIDADES

2 xícaras de batata-doce roxa cozida (400 g)

1½ xícara de polvilho doce

½ xícara de polvilho azedo

2 colheres (sopa) de chia

1 colher (chá) de sal

5 colheres (sopa) de azeite, mais um pouco para untar

1. Preaqueça o forno a 180 °C.
2. Amasse a batata-doce roxa com a ajuda de um garfo e transfira para uma tigela. Junte os dois tipos de polvilho, a chia e o sal. Misture bem. Adicione o azeite e misture até formar uma massa consistente e que não grude nas mãos. Se necessário, acrescente mais polvilho até dar o ponto.
3. Unte as mãos com azeite e modele bolinhas de massa do tamanho de uma bola de pingue-pongue. Distribua as bolinhas em uma assadeira untada com azeite.
4. Leve ao forno e asse por 30 minutos ou até formar uma casquinha na base. Retire e deixe esfriar sobre uma grelha.

IOGURTE
de castanhas

PATI BIANCO • RENDIMENTO: 4 PORÇÕES

½ xícara de castanha-de-caju crua demolhada

1⅔ xícara de água (400 ml)

1 colher (chá) de ágar-ágar (4 g)

5 tâmaras sem caroço

2 colheres (sopa) de suco de limão

1 colher (chá) de extrato de baunilha

½ manga sem casca cortada em cubos

1. Coloque as castanhas e a água no liquidificador e bata até obter um líquido branco e homogêneo. Se preferir, use um mixer. Coe em um pano ou voal dentro de uma panela. Adicione o ágar-ágar e mexa bem.

2. Leve a panela ao fogo médio-baixo e mexa o leite de castanha até levantar fervura. Mas, cuidado, pode espumar e derramar! Continue mexendo por mais 2 minutos e desligue o fogo.

3. Coloque na geladeira por 45 minutos ou até gelificar; a mistura deve ficar com uma consistência bem gelatinosa.

4. Transfira essa gelatina para o copo do liquidificador ou mixer. Junte as tâmaras, o suco de limão e o extrato de baunilha e bata até ficar cremoso. Separe metade desse iogurte e reserve.

5. Junte a manga à metade do iogurte que ficou no liquidificador e bata novamente, até obter um creme amarelo e homogêneo.

6. Em uma taça ou copo, intercale camadas do iogurte de tâmaras e do creme de manga. Deixe na geladeira até a hora de servir.

Deixe as castanhas de molho em água potável por aproximadamente 8 horas. Passado esse tempo, escorra as castanhas e descarte a água. Caso prefira uma opção mais rápida, cozinhe as castanhas cruas em água fervente por 10 a 15 minutos em fogo baixo antes de bater no liquidificador. Procure comprar o ágar-ágar em embalagens fechadas. Se só encontrar a granel, certifique-se de que não tem coloração acinzentada, pois esse pode ter sabor mais forte. O ágar-ágar é um pó fino, de cor clara, e não deve deixar sabor residual na receita.

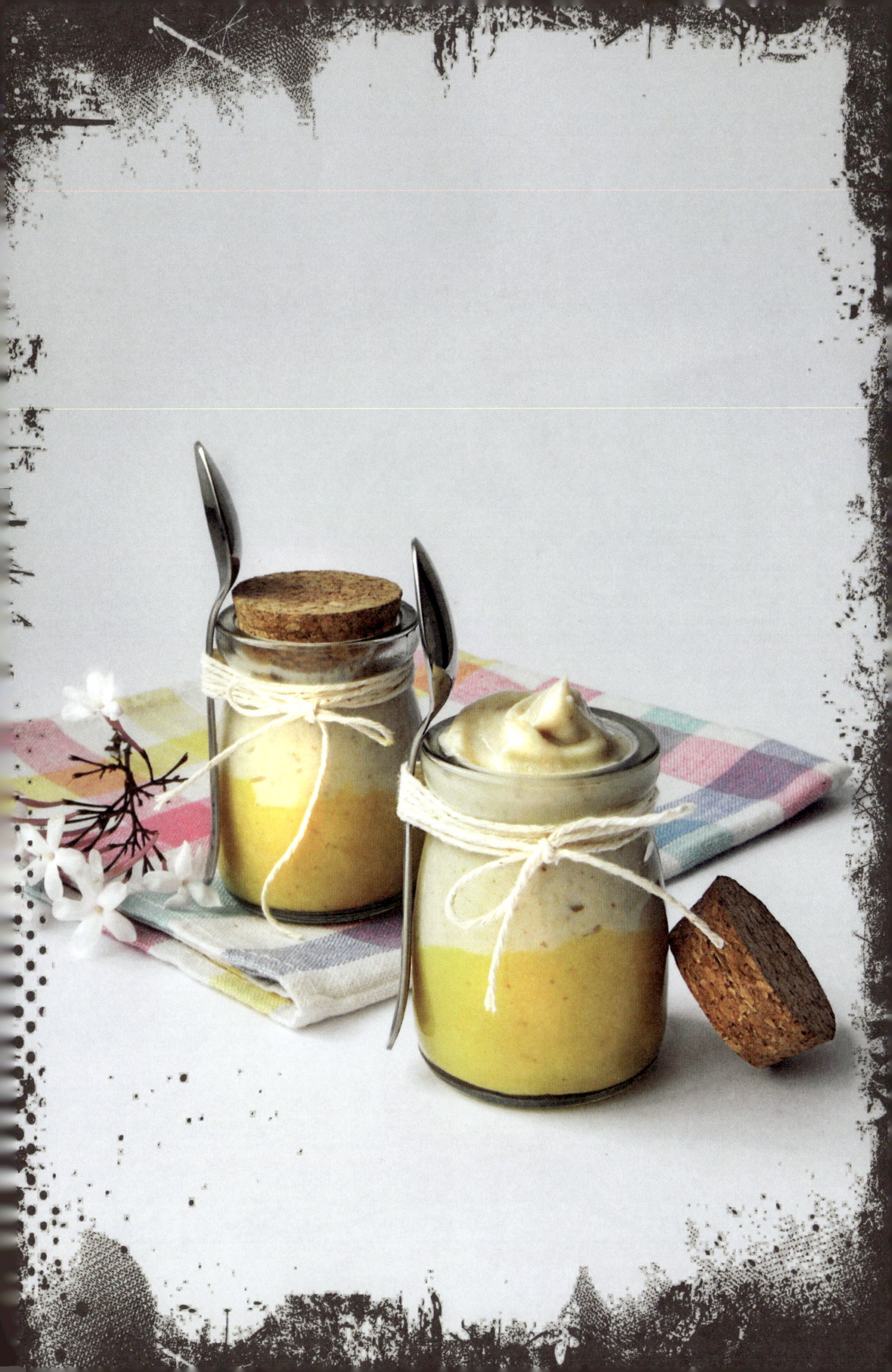

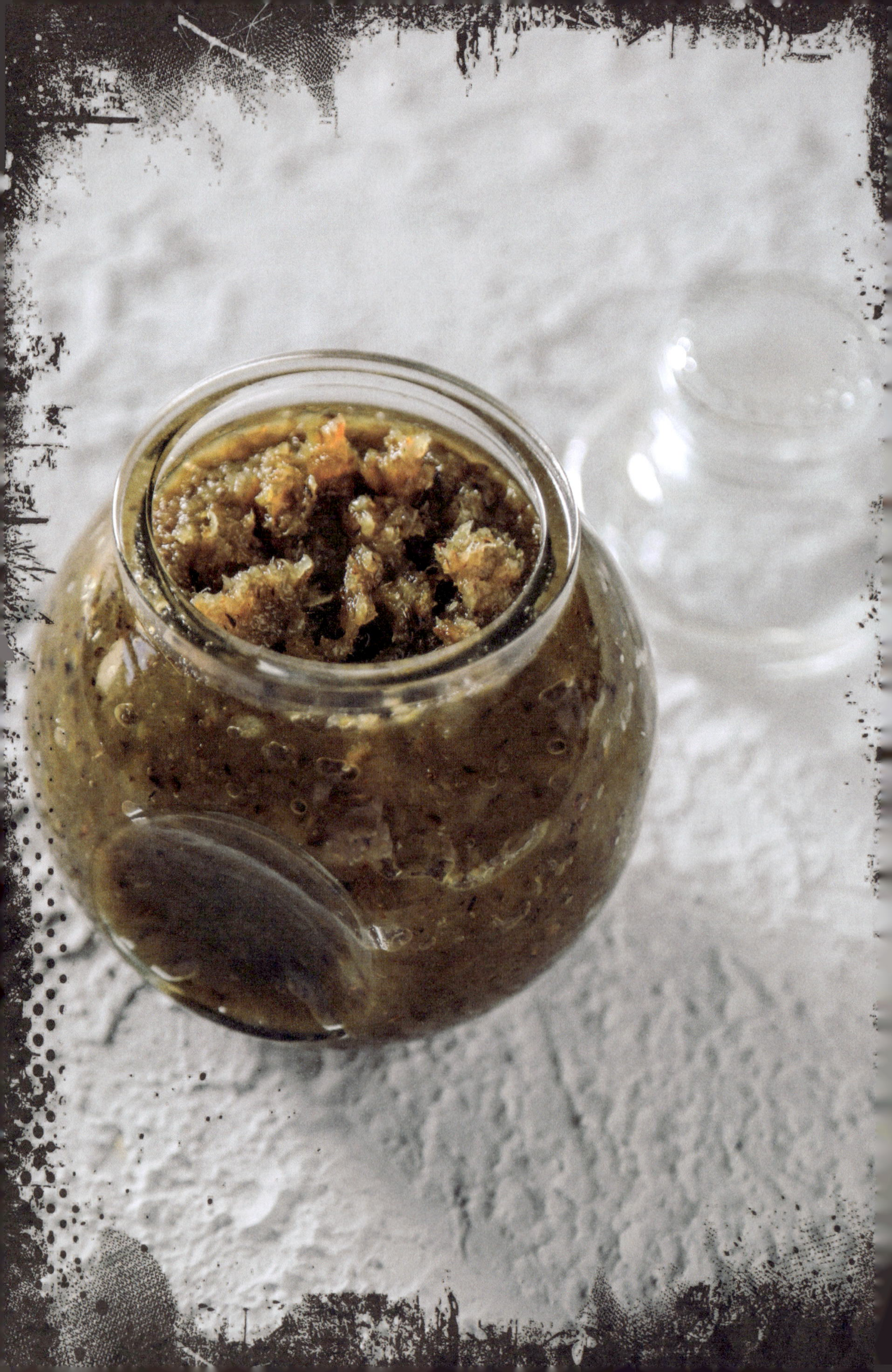

GELEIA
de casca de abacaxi

GIL GONDIM • RENDIMENTO: 2 A 3 POTES

---

2 abacaxis havaí médios e maduros

400 ml de água

2 xícaras de açúcar cristal

---

1. Deixe as cascas de abacaxi imersas em água filtrada por 12 horas e escorra-as.

2. Bata todos os ingredientes no liquidificador e leve ao fogo até começar a secar a água, mexendo bem. Deixe cozinhar por 2 minutos.

3. Acondicione a geleia ainda quente em vidros esterilizados e conserve em geladeira.

Em nossa cultura, temos o hábito de desprezar as cascas e aproveitar somente a polpa dos alimentos. Esse costume deixa de existir a partir do momento em que temos conhecimento de como enriquecer o cardápio, utilizando as cascas para a elaboração de receitas. Nesta geleia, usa-se a casca do abacaxi, que pode também ser ingrediente para um refrescante suco de verão.

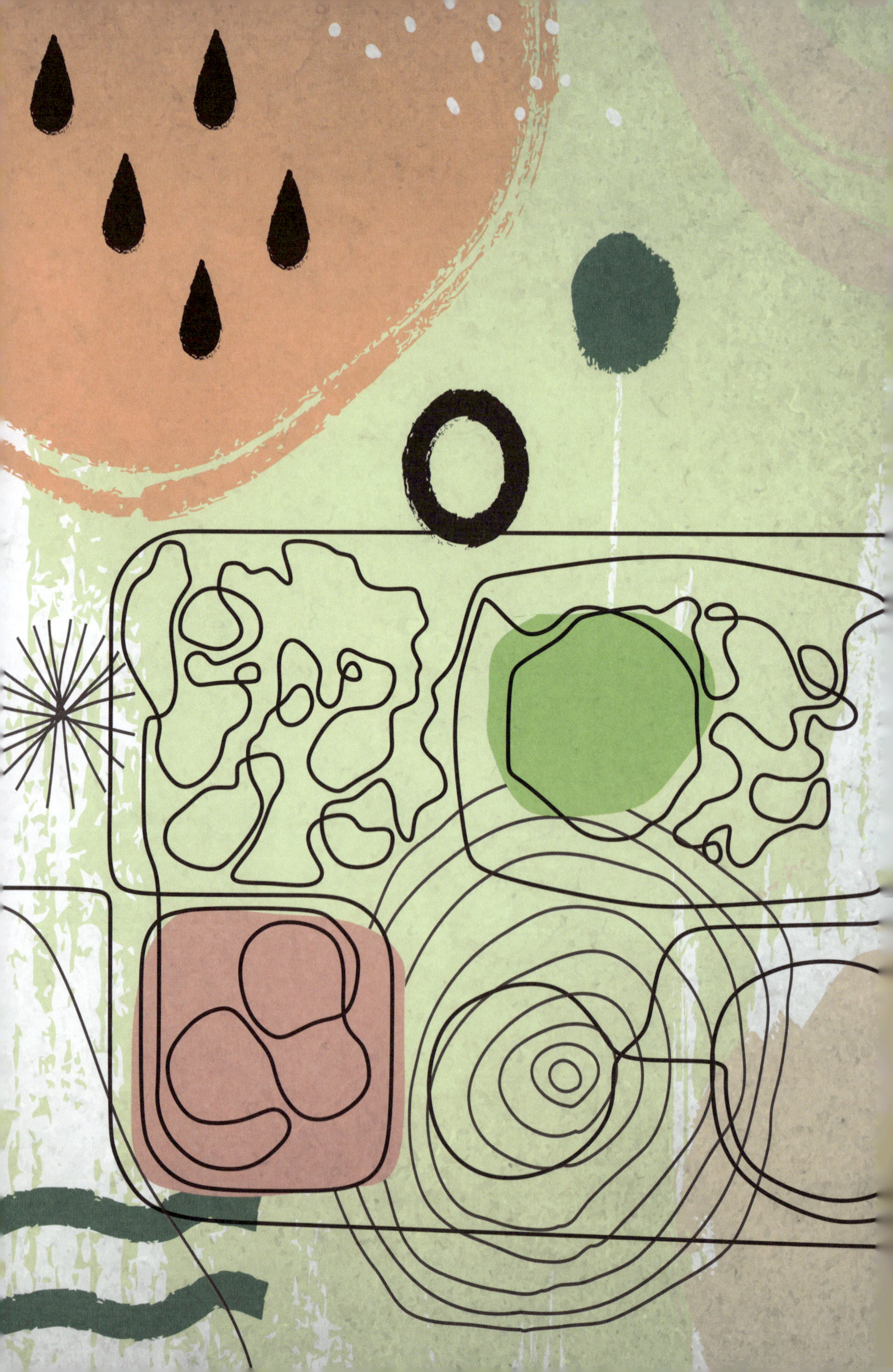

O Marmiteiro, SIM!

LEGUMES ASSADOS
com cuscuz marroquino

DANIEL BORK • RENDIMENTO: 4 PORÇÕES

LEGUMES

2 abobrinhas italianas cortadas em rodelas finas

2 cenouras descascadas, cortadas em rodelas finas

300 g de abóbora cabotiá com casca, cortada em gomos e depois em triângulos finos

3 ramos de alecrim

sal e pimenta-do-reino a gosto

CUSCUZ

2 xícaras de cuscuz marroquino

1 xícara de caldo de legumes quente

2 colheres (sopa) de manteiga

½ xícara de pinoli

1 xícara de uva-passa branca

½ xícara de folhas de coentro fresco

1. Preaqueça o forno a 180 °C.
2. Coloque os legumes em uma assadeira com o alecrim e tempere com sal e pimenta. Misture tudo. Leve ao forno e asse por cerca de 30 minutos ou até que fiquem levemente dourados.
3. Enquanto isso, coloque o cuscuz em uma vasilha, regue com o caldo de legumes quente e misture. Cubra com filme plástico e deixe hidratar por cerca de 15 minutos.
4. Em seguida, derreta a manteiga em uma panela e doure levemente os pinoli. Acrescente a uva-passa e deixe hidratar em fogo baixo por aproximadamente 5 minutos. Adicione ao cuscuz, misture o coentro e sirva com os legumes assados.

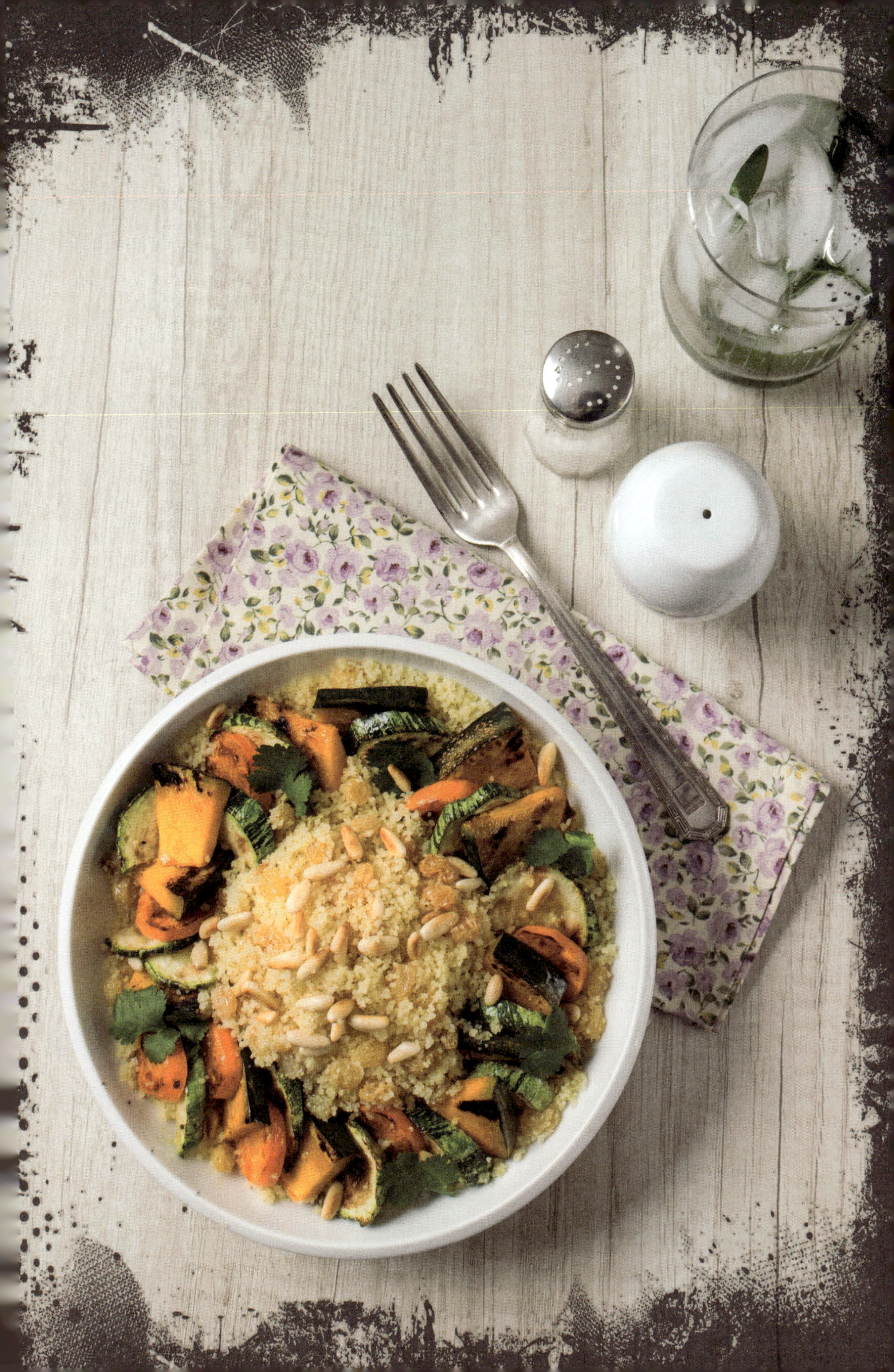

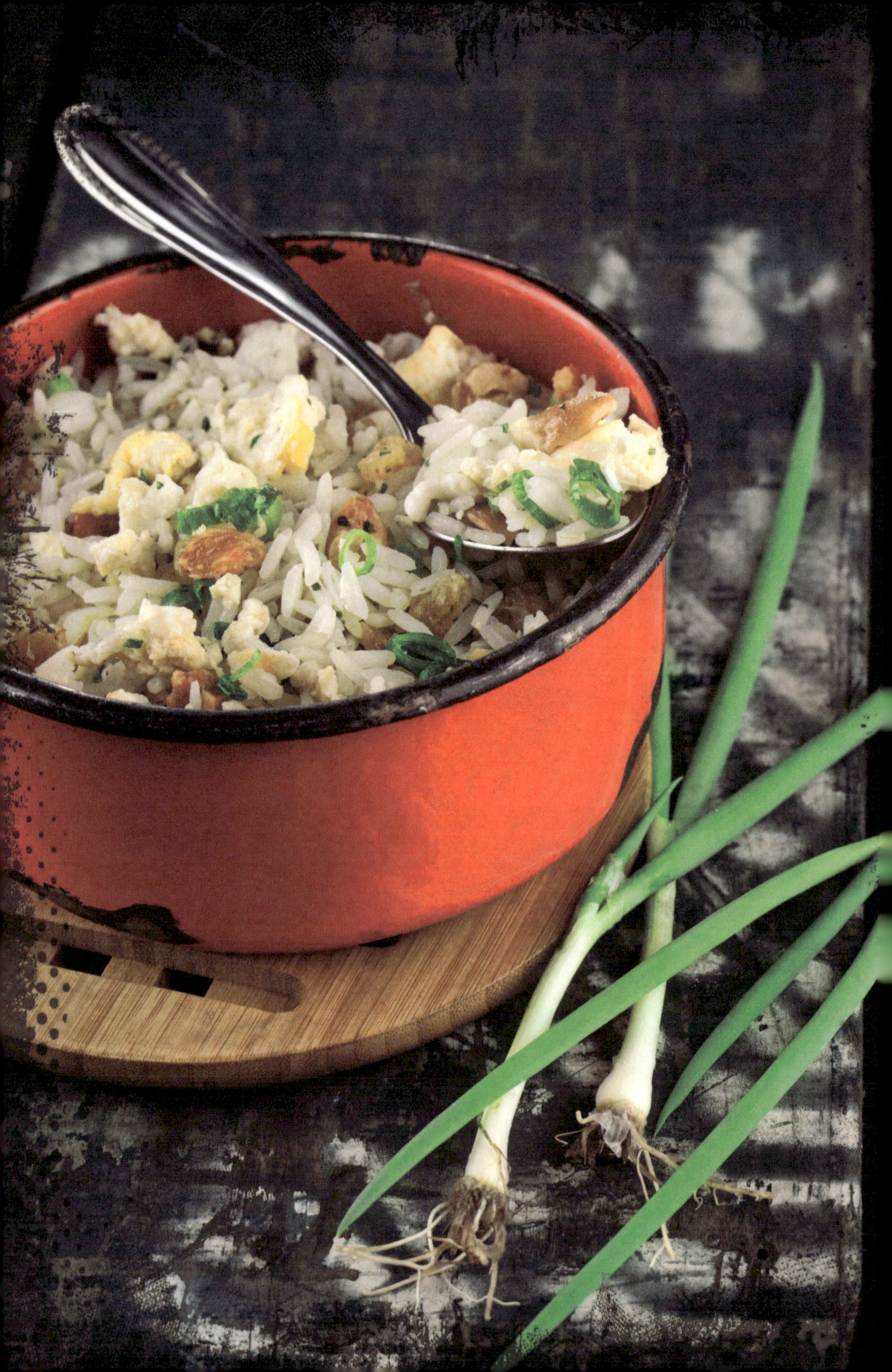

ARROZ
de rico

MÔNICA RANGEL • RENDIMENTO: 4 PORÇÕES

- 40 g de manteiga sem sal
- 20 g de alho amassado
- 4 ovos caipiras
- 400 g de arroz branco cozido
- 60 g de uva-passa
- 60 g de castanha-de-caju torrada e salgada picada
- 20 g de cheiro-verde picado

1. Em uma frigideira, derreta a manteiga e doure bem o alho.
2. Acrescente o ovo batido e mexa até formar grumos, mas sem deixar secar completamente.
3. Adicione os outros ingredientes, exceto o cheiro-verde, e misture delicadamente. Junte por último o cheiro-verde.
4. Sirva em seguida.

PENNE
com molho de tahine

NATÁLIA WERUTSKY • RENDIMENTO: 4 PORÇÕES

---

1 xícara de tahine

2 colheres (chá) de shoyu (molho de soja)

2 colheres (chá) de óleo de gergelim cru

2 colheres (sopa) de gengibre fresco ralado

3 dentes de alho, sem casca e sem o germe

½ colher (chá) de sal marinho

300 g de penne de quinoa

sementes de gergelim preto a gosto

---

1. Bata no processador todos os ingredientes, exceto o penne e as sementes de gergelim, até obter um molho homogêneo.

2. Cozinhe o penne de acordo com as instruções da embalagem, até ficar *al dente*.

3. Aqueça ligeiramente os ingredientes batidos e despeje sobre a massa quente. Sirva polvilhado com as sementes de gergelim.

Não economize no molho: ele deve envolver todo o macarrão e ficar bem suculento.

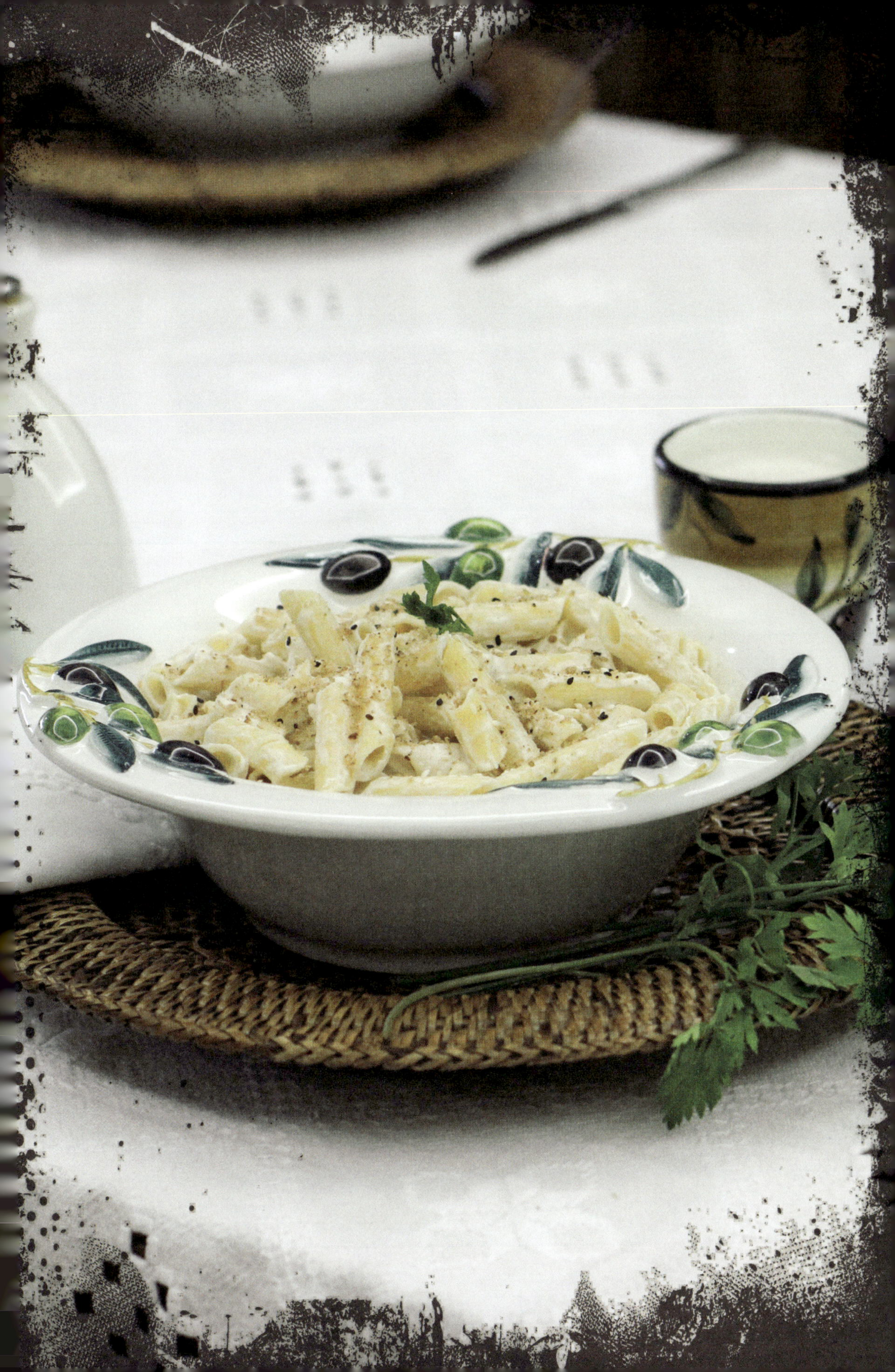

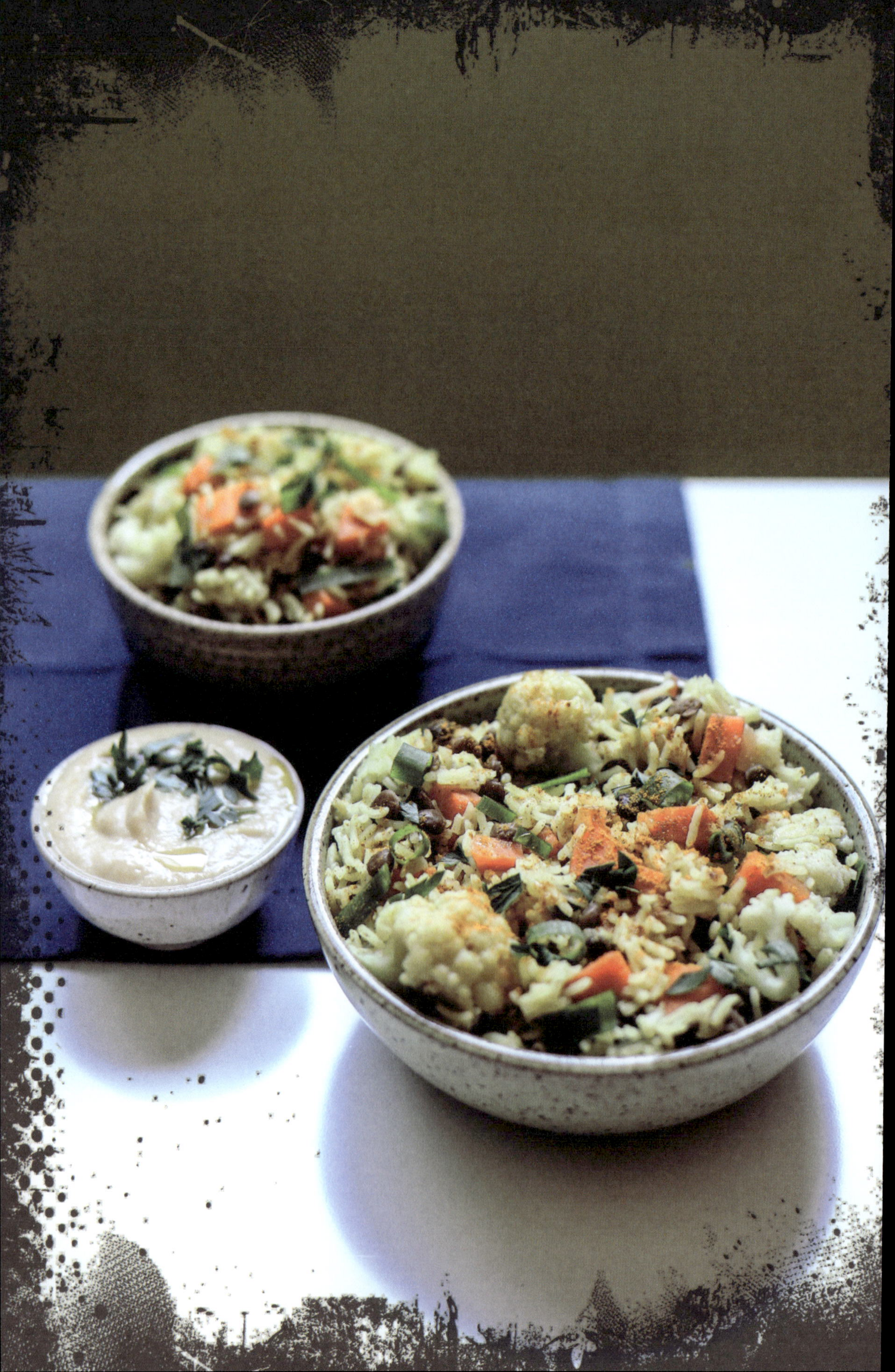

ARROZ INDIANO
com lentilha e couve-flor

JULIA GUEDES • RENDIMENTO: 4 PORÇÕES

- ½ cebola picada
- 1 colher (sopa) de gengibre ralado
- 3 colheres (sopa) de azeite
- 1 canela em pau
- 1 xícara de arroz basmati
- ½ couve-flor picada em pedaços pequenos
- ½ tomate sem sementes picado
- 2 xícaras de água fervente
- 1 colher (chá) de curry em pó
- 1 colher (chá) de pimenta-do-reino moída
- sal a gosto
- 1 xícara de lentilha cozida
- cebolinha picada a gosto

1. Leve uma panela grande ao fogo médio e doure a cebola e o gengibre no azeite.
2. Adicione ao refogado a canela, o arroz, a couve-flor e o tomate. Mexa e, em seguida, adicione a água fervente. Acrescente o curry, a pimenta e o sal e mexa para incorporar. Tampe e cozinhe por 30 minutos ou até perceber que o arroz já está cozido.
3. Transfira o arroz para um recipiente maior, acrescente a lentilha cozida e misture.
4. Finalize polvilhando com cebolinha picada e sirva imediatamente.

QUIBE ASSADO
de grão-de-bico

GABI MAHAMUD • RENDIMENTO: 6 PORÇÕES

Ingredientes
2 xícaras de grão-de-bico cozido
1½ xícara de quinoa cozida
½ xícara de canjiquinha cozida
4 colheres (sopa) de farinha de linhaça ou chia
3 dentes de alho sem casca picadinhos
½ xícara de cebola picadinha
½ xícara de cheiro-verde picado
¼ de xícara de hortelã picado
2 colheres (sopa) de sumo de limão
2 colheres (sopa) de azeite
2 colheres (sopa) de tahine
1 a 2 colheres (sopa) de garam masala
sal a gosto

1. Preaqueça o forno a 230 °C.
2. Em um recipiente, amasse o grão-de-bico com a ajuda de um garfo ou um amassador de batatas. Acrescente os demais ingredientes e misture bem até incorporar tudo.
3. Unte com azeite um refratário de 20 cm × 20 cm e despeje nele toda a massa. Com os dedos, pressione a massa na fôrma para que fique tudo bem grudadinho, prensando mesmo (senão sua massa vai ficar quebradiça depois). Leve para assar por 50 minutos.

Deixe o grão-de-bico de molho por 24 horas antes de cozinhar. Cozinhe a quinoa e a canjiquinha separadamente em água filtrada até ficarem al dente. Sirva este quibe com homus, nozes e cranberries.

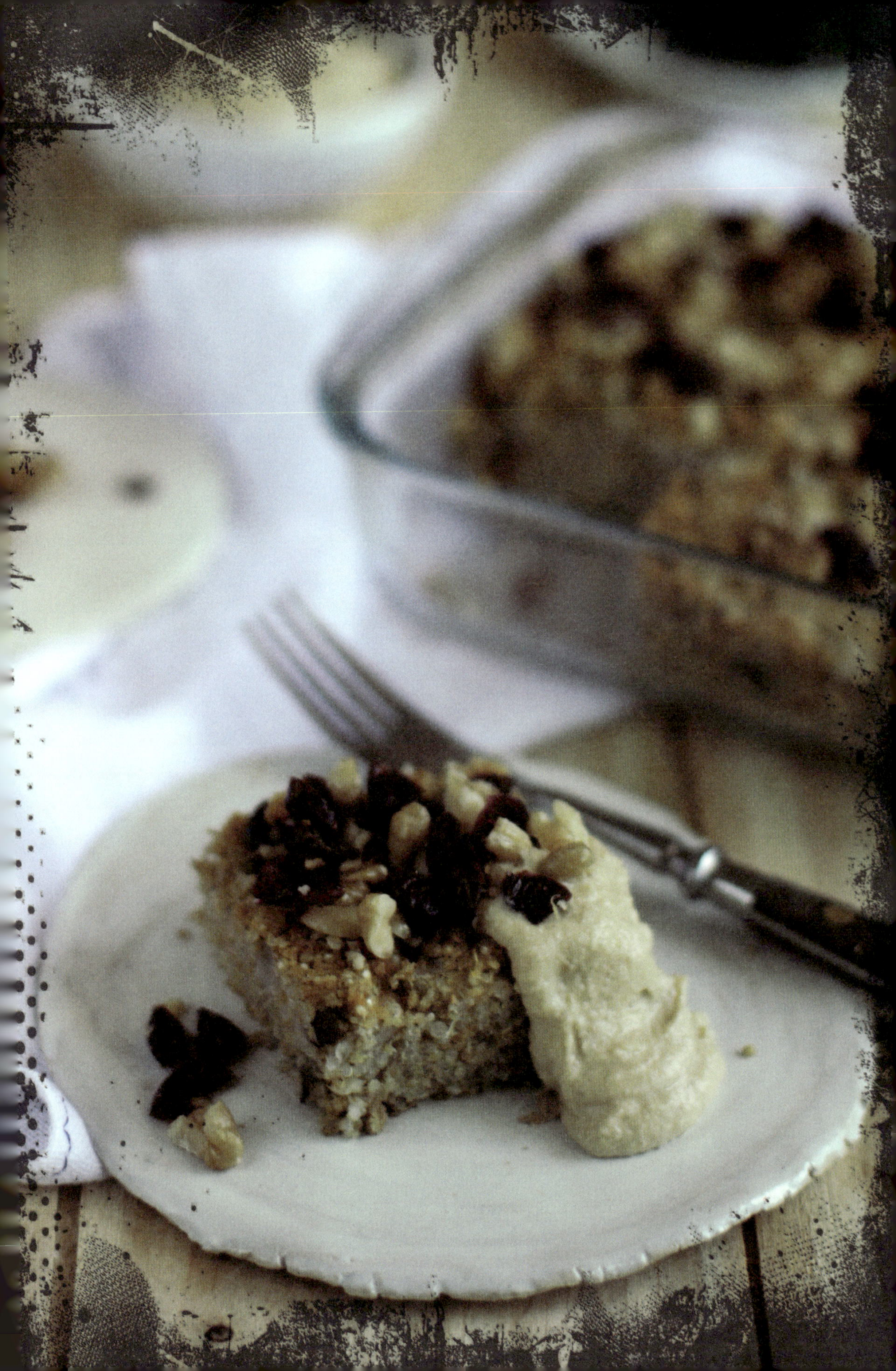

CHARUTINHO
de quinoa

DANIEL BORK • RENDIMENTO: 6 UNIDADES

CHARUTINHO

1 xícara de quinoa cozida

1 xícara de castanha-do-pará picada

½ colher (chá) de noz-moscada em pó

¼ de xícara de ameixa-preta seca

2 colheres (sopa) de azeite

sal e pimenta-do-reino a gosto

6 folhas de couve-manteiga

COALHADA

1 litro de leite

1 pote de iogurte natural (170 g)

1 colher (sopa) de raspas de limão-siciliano

1 colher (chá) de hortelã picada

sal a gosto

1. Para fazer o charutinho, misture a quinoa cozida, a castanha-do-pará, a noz-moscada, a ameixa, o azeite, o sal e a pimenta. Escalde as folhas de couve-manteiga até amolecerem e deixe esfriar. Com o lado liso das folhas para baixo, recheie e enrole em formato de charuto.

2. Para preparar a coalhada, ferva o leite e deixe esfriar até ficar morno. Adicione o iogurte e mantenha em um lugar tranquilo e morno por cerca de 12 horas. Tempere com raspas de limão-siciliano, hortelã e sal. Sirva com os charutinhos em temperatura ambiente.

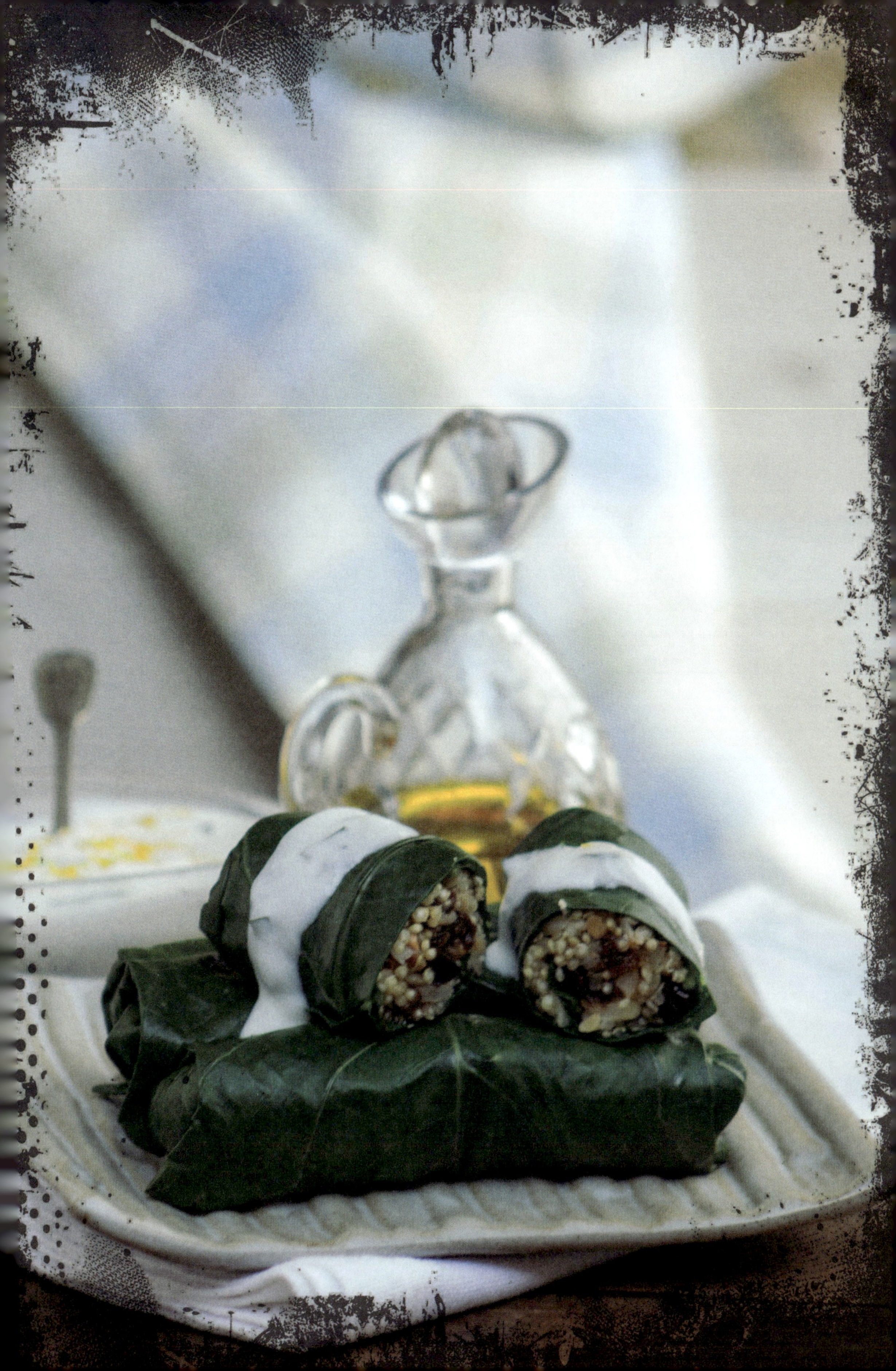

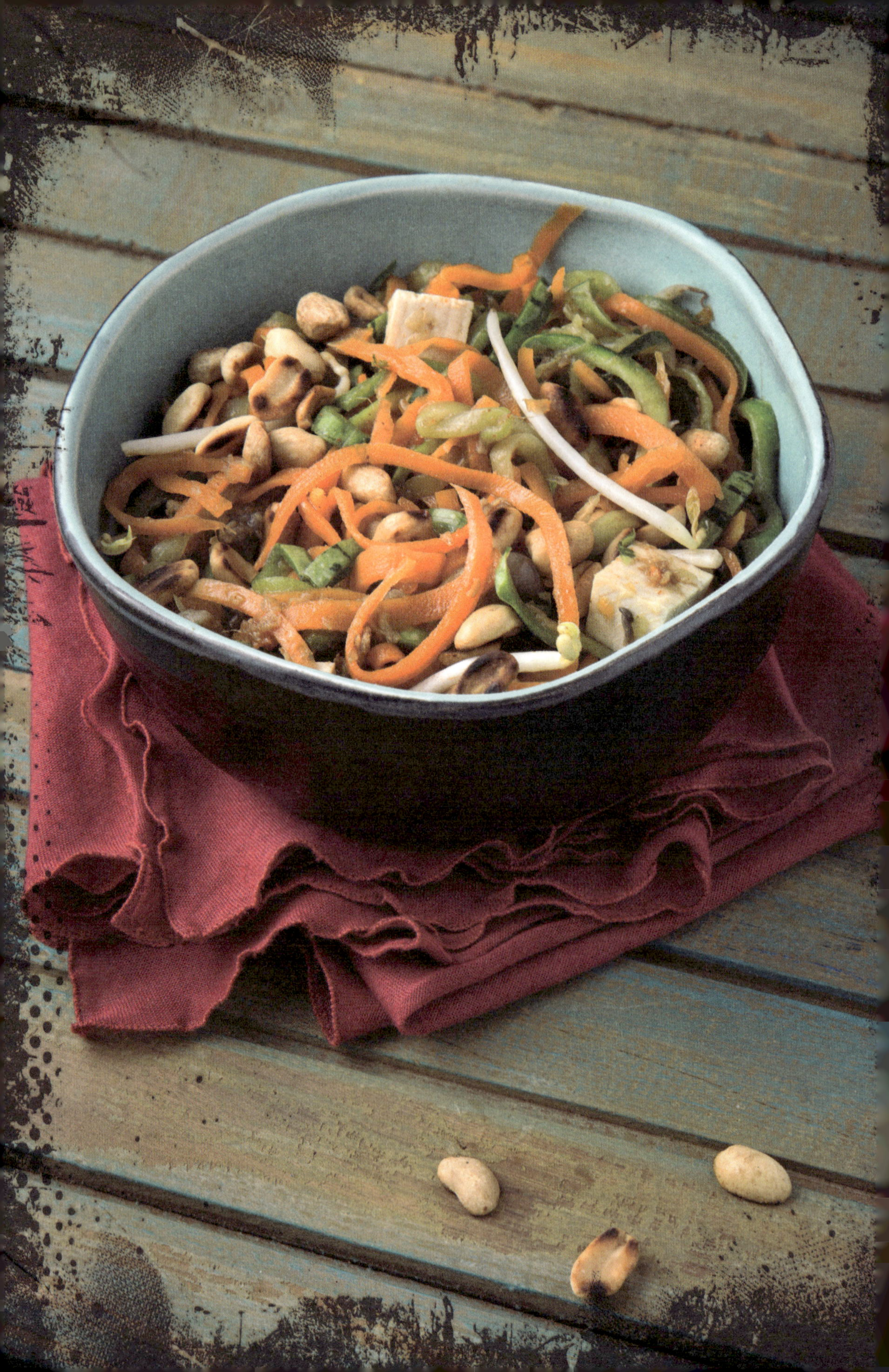

PAD THAI
... de legumes

KATIA CARDOSO • RENDIMENTO: 4 PORÇÕES

PAD THAI

2 cenouras médias sem casca

1 abobrinha grande

1 colher (sopa) de azeite

2 dentes de alho ralados

1 cebola roxa ralada

½ xícara de caldo de legumes

100 g de shimeji preto

¼ de xícara de nirá picado

1 xícara de broto de feijão

sal e pimenta-do-reino a gosto

200 g de tofu cortado em cubinhos

amendoim torrado sem casca e sem sal, a gosto

MOLHO

4 colheres (sopa) de shoyu (molho de soja)

4 colheres (sopa) de óleo de gergelim

2 colheres (chá) de açúcar de coco

1 pedaço (10 cm) de gengibre ralado

sal e pimenta-de-caiena em pó a gosto

1. Corte as cenouras e a abobrinha em fio com um cortador de legumes em espiral. Reserve.

2. Em uma panela funda ou wok, aqueça o azeite e refogue o alho e a cebola até ficarem dourados. Coloque a cenoura e a abobrinha reservadas. Junte o caldo de legumes. Misture bem e cozinhe, mexendo às vezes, por 5 minutos ou até os legumes ficarem macios, mas ainda firmes (se necessário, coloque um pouco mais de caldo de legumes).

3. Adicione o shimeji ao refogado de legumes. Acrescente também o nirá e o broto de feijão. Tempere com o sal e a pimenta. Coloque o tofu e mexa com cuidado. Mantenha em fogo baixo por mais 5 minutos, mexendo às vezes.

4. Em uma panela pequena, misture todos os ingredientes do molho e leve ao fogo baixo somente para aquecer.

5. Coloque o refogado de legumes em cumbucas e regue com o molho. Decore com o amendoim e sirva em seguida.

Se preferir, antes de usar na receita, grelhe os cubinhos de tofu em uma frigideira antiaderente untada com azeite.

PIMENTÕES
recheados

BRUNA PAVÃO • RENDIMENTO: 2 PORÇÕES

2 pimentões vermelhos
2 colheres (sopa) de azeite
1 cebola pequena picada
2 dentes de alho picados
1 colher (sopa) de shoyu (molho de soja)
2 xícaras de mix de cogumelos picados
1 xícara de cheiro-verde picado
½ xícara de tomate picado
½ xícara de amendoim torrado e sem pele
1 colher (chá) de páprica picante
1 colher (chá) de sal

1. Preaqueça o forno a 200 °C. Corte os pimentões ao meio e retire as sementes. Reserve.

2. Em uma frigideira, aqueça o azeite e refogue a cebola e o alho. Adicione o shoyu e os cogumelos e refogue por 5 minutos ou até secar a água. Em seguida, acrescente o cheiro-verde, o tomate, o amendoim, a páprica e o sal. Misture bem e refogue por mais alguns instantes. Desligue o fogo e recheie os pimentões. Sirva quente.

Para o mix de cogumelos, utilize aqueles de sua preferência. Você pode misturar cogumelo-de-paris, shimeji, shiitake, eringui e cogumelo portobello. Para agregar mais proteínas à sua refeição, acrescente grão-de-bico cozido ou tofu amassado no garfo. Se desejar, salpique os pimentões recheados com queijo meia cura ralado ou castanha-do--pará ralada e leve ao forno para gratinar. Você pode usar esta receita para rechear berinjela, tomate, abobrinha ou cebola. Utilize os legumes frescos para aproveitar o melhor de seus nutrientes. O recheio pode ser congelado em porções individuais. Para descongelar, basta aquecê-lo em uma panela com um fio de azeite no fogo médio. Alguns molhos de soja contêm glúten; se você não pode ou não quer consumir essa proteína, atente para o rótulo do produto.

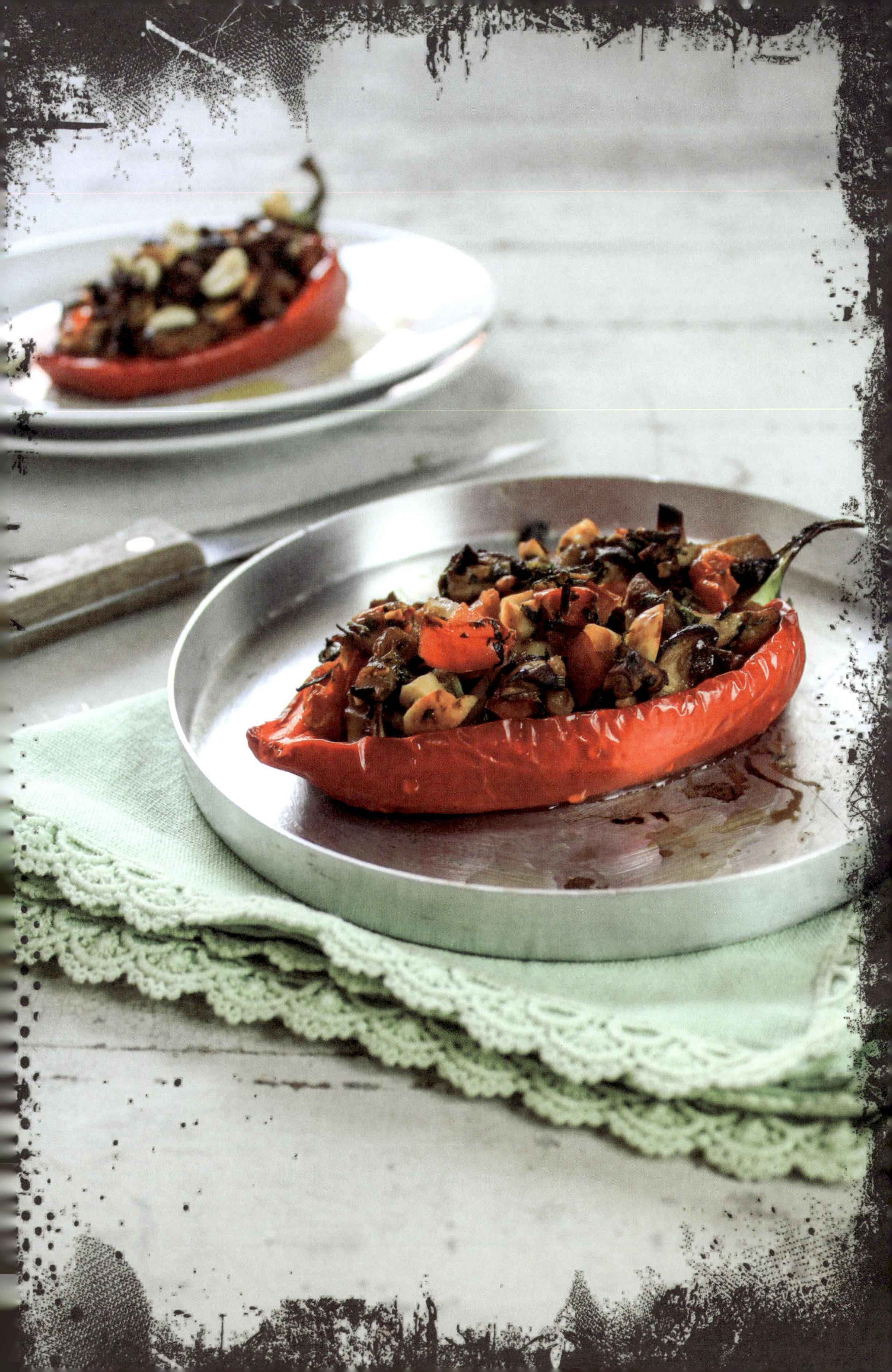

COMFORT
food

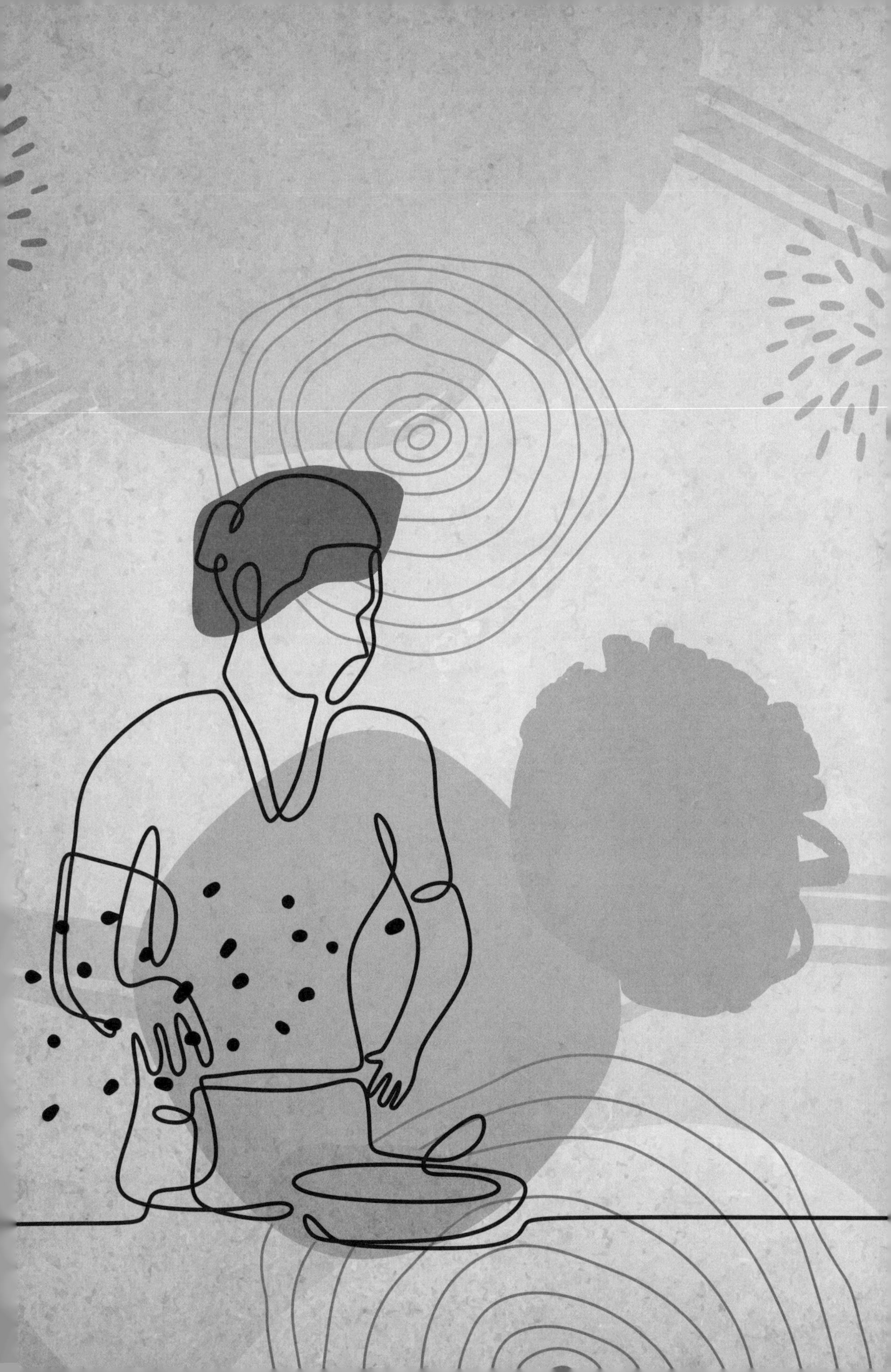

SUFLÊ
de abobrinha

ZENIR DALLA COSTA E CLÁUDIA MORAES • RENDIMENTO: 6 A 8 PORÇÕES

3 claras
4 abobrinhas italianas cozidas em água e sal (700 g)
200 ml de leite
½ cebola
3 gemas
15 g de queijo parmesão ralado
sal e pimenta-do-reino a gosto
1 colher (sopa) de manteiga sem sal (20 g)
1 colher (sopa) de amido de milho (20 g)

1. Preaqueça o forno a 200 °C.
2. Na batedeira, bata as claras em neve e reserve.
3. Coloque a abobrinha, o leite, a cebola, as gemas e o queijo parmesão no liquidificador. Bata até obter um creme. Tempere com o sal e a pimenta.
4. Misture delicadamente esse creme com as claras.
5. Unte um ramequim ou um refratário com manteiga e polvilhe com amido de milho.
6. Leve ao forno e asse por aproximadamente 20 minutos, até ficar firme e levemente dourado.

Você pode substituir a abobrinha por outras hortaliças, como couve-flor ou brócolis.

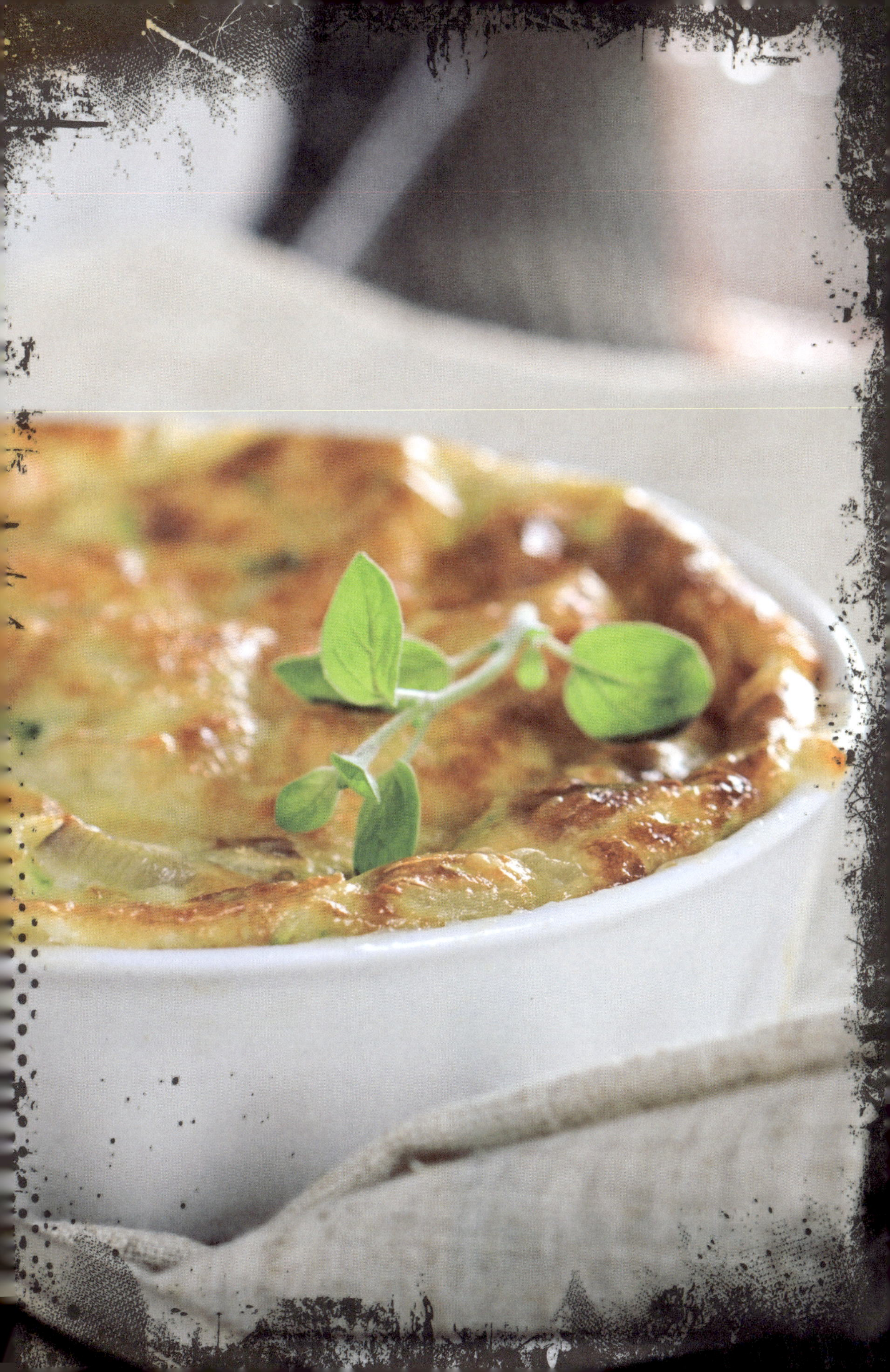

MUFFIN
de tomate

ZENIR DALLA COSTA E CLÁUDIA MORAES • RENDIMENTO: 12 UNIDADES

3 ovos
½ xícara de leite morno (100 ml)
2 xícaras de farinha de trigo (230 g)
1 colher (sopa) de açúcar (15 g)
½ colher (chá) de sal (3 g)
1 colher (sopa) de fermento químico em pó (10 g)
1 colher (sopa) de queijo parmesão ralado (15 g)
150 g de tomates picados em cubos pequenos
2 colheres (sopa) de salsinha picada (15 g)
4 colheres (sopa) de manteiga sem sal derretida (80 g)

1. Preaqueça o forno a 150 °C.
2. Bata os ovos e o leite e reserve.
3. Em outro recipiente, peneire a farinha, o açúcar, o sal e o fermento. Misture.
4. Acrescente os ovos batidos com o leite, misture bem e, por último, acrescente o queijo, o tomate em cubinhos e a salsinha.
5. Leve para assar em forminhas de muffin untadas com manteiga e enfarinhadas.
6. Leve ao forno e asse por 25 minutos ou até que os bolinhos estejam dourados.

Muffins são produções fáceis e gostosas, e você pode aproveitar sobras de queijos, embutidos, azeitonas ou outras conservas, ou até mesmo sobras de legumes já preparados. Basta equilibrar a umidade da massa e dar o sabor que quiser, evitando, assim, o desperdício de alimentos.

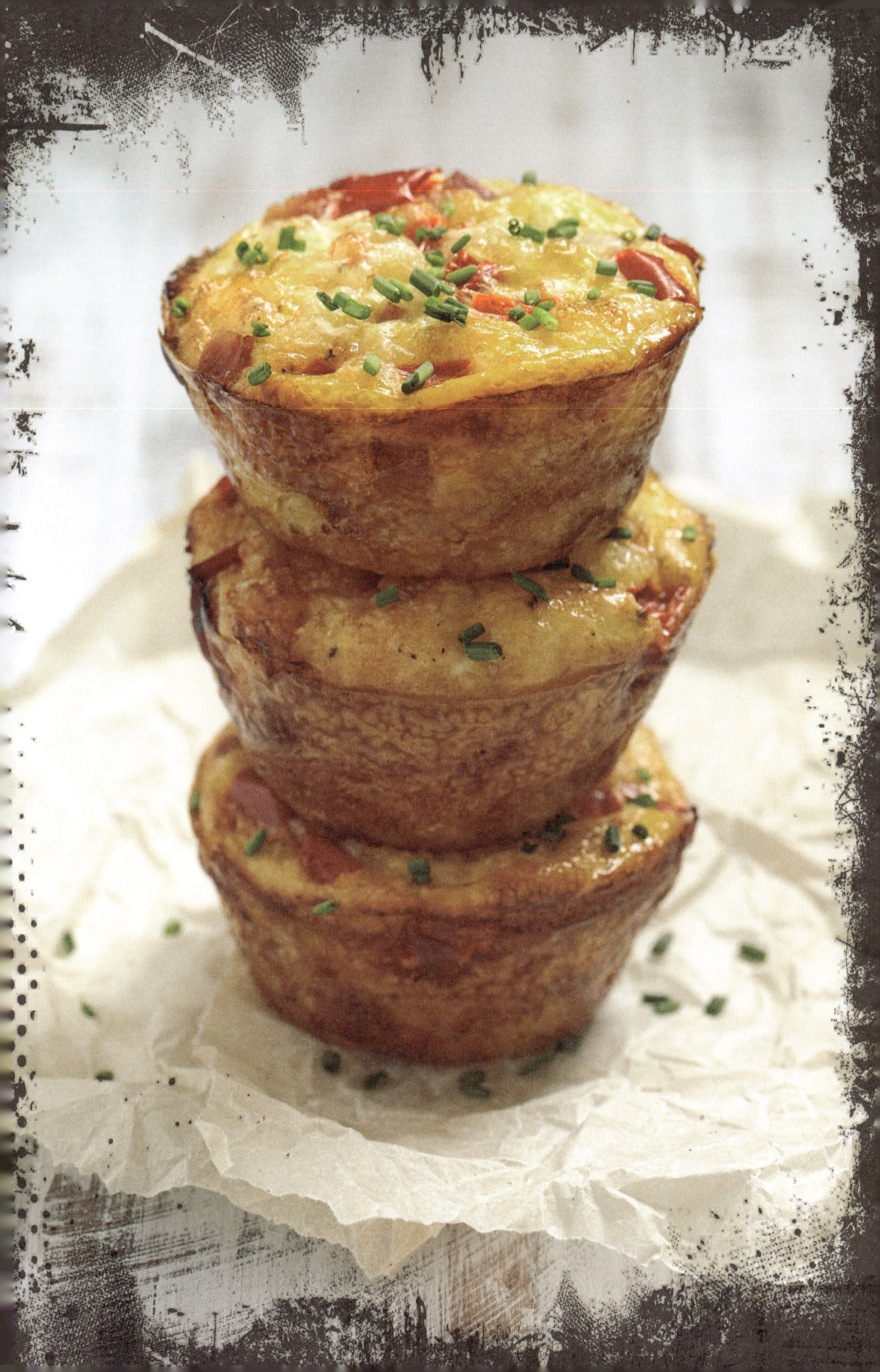

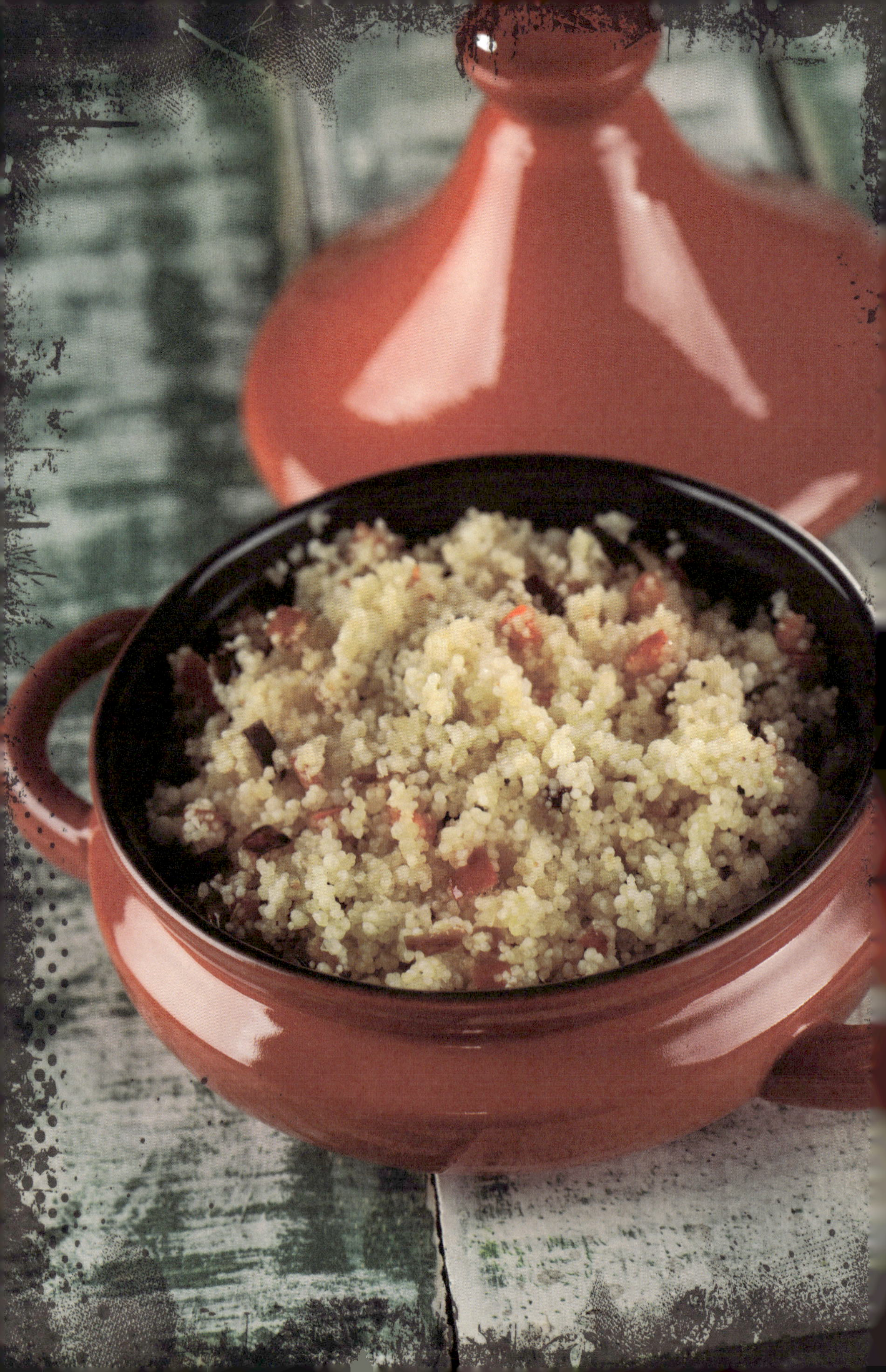

CUSCUZ
de farinha ovinha

MÔNICA RANGEL • RENDIMENTO: 4 PORÇÕES

360 g de farinha ovinha

1½ xícara de caldo de legumes morno (360 ml)

80 g de berinjela

80 g de abobrinha

⅓ de xícara de azeite (80 ml)

80 g de pimentão vermelho

20 g de alho amassado

20 g de sal

120 g de castanha-de-caju torrada, salgada e picada

1. Hidrate a farinha no caldo de legumes morno e reserve.

2. Pique em cubos de 0,5 cm a berinjela, a abobrinha e o pimentão e puxe no azeite até dourar bem.

3. Acrescente o alho, deixe dourar e retire a panela do fogo. Despeje essa mistura de legumes à farinha hidratada.

4. Tempere com o sal e a castanha-de-caju e sirva em seguida.

RATATOUILLE

RENDIMENTO: 6 PORÇÕES

- 2 abobrinhas italianas
- 3 tomates
- 1 berinjela
- 4 colheres (sopa) de azeite
- 1 cebola picada
- 2 pimentões (vermelho e amarelo) cortados em cubos
- 2 dentes de alho picados
- 1 colher (sopa) de tomilho fresco
- ½ xícara de folhas de manjericão
- sal e pimenta-do-reino a gosto

1. Preaqueça o forno a 180 °C.
2. Corte as abobrinhas, os tomates e a berinjela em rodelas. Em uma fôrma refratária, coloque 3 colheres (sopa) de azeite, a cebola e os dois pimentões. Por cima, polvilhe o alho, o tomilho e o manjericão. Tempere com sal e pimenta.
3. Disponha as rodelas de legumes em fileiras e sobrepostas, intercalando as cores. Regue com o azeite restante e tempere novamente com sal.
4. Cubra a fôrma com papel-alumínio e leve ao forno por 30 minutos. Retire o papel-alumínio e deixe no forno até que os legumes fiquem secos e ligeiramente dourados. Sirva a seguir.

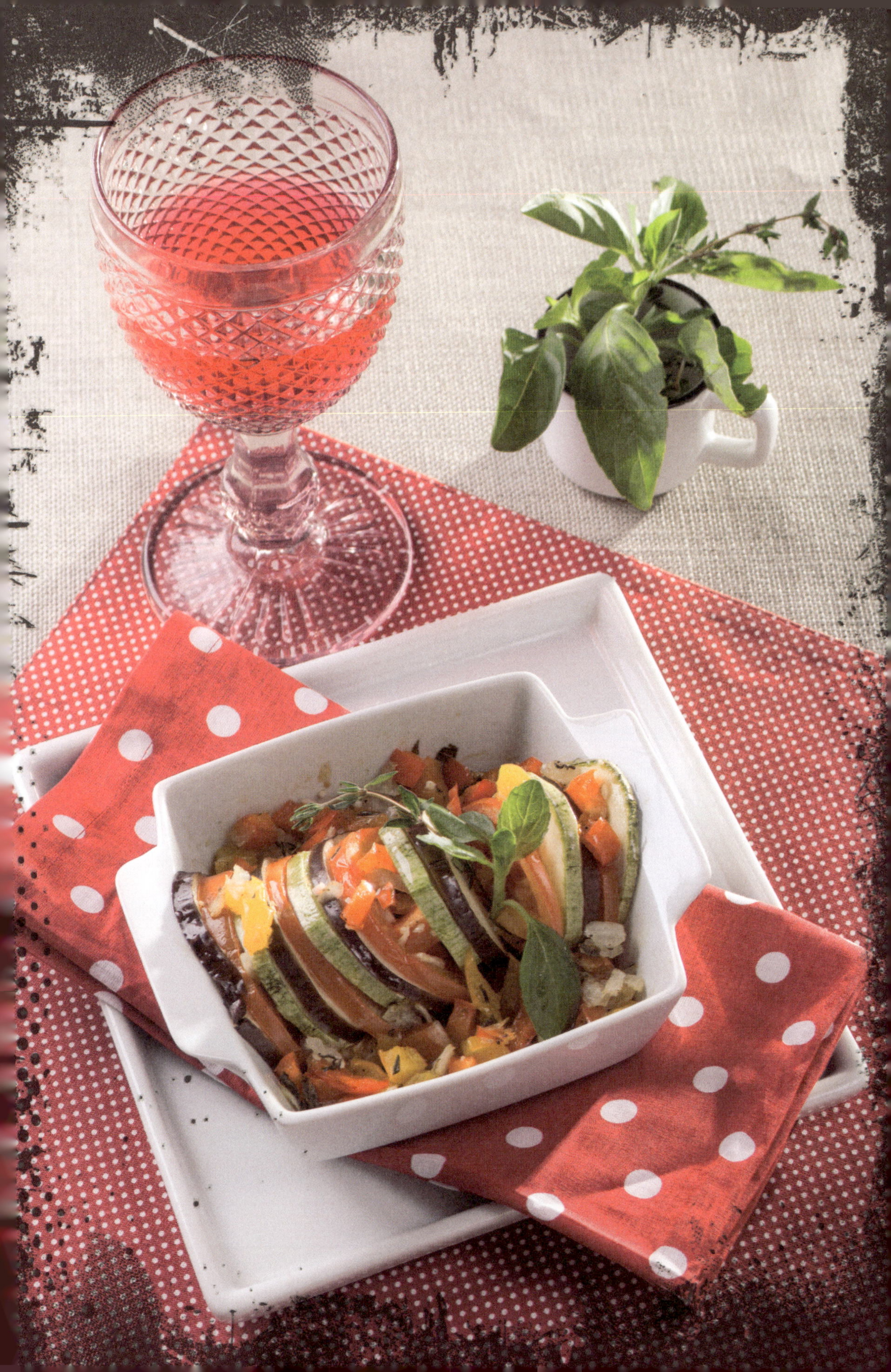

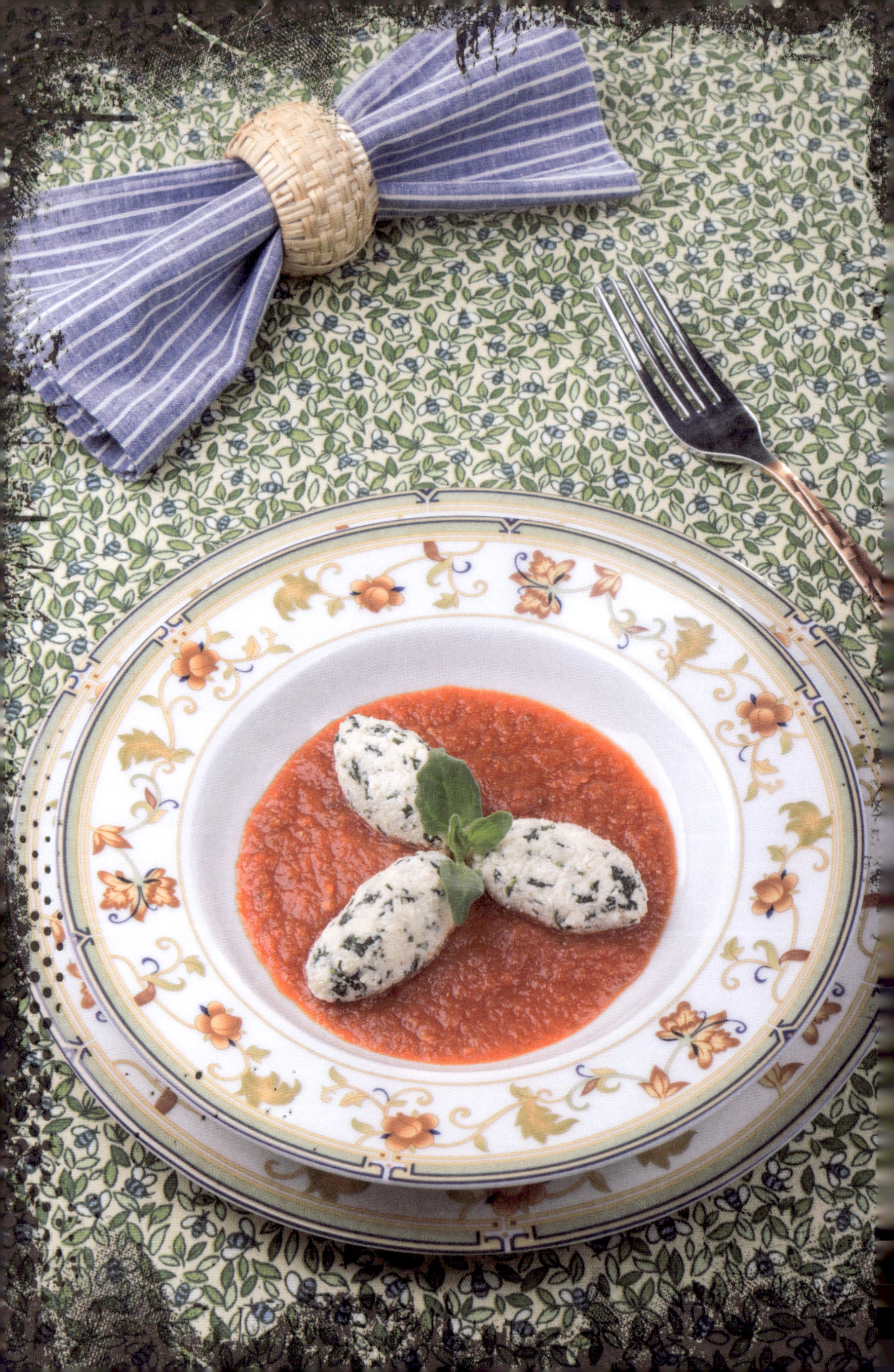

QUENELLE
de ricota e espinafre

RENDIMENTO: 4 PORÇÕES

MOLHO

6 tomates grandes bem maduros
1 dente de alho inteiro
1 folha de louro
2 ramos de tomilho
1 ramo de alecrim
¼ de maço de cheiro-verde
sal a gosto
1 colher (sopa) de ketchup

QUENELLES

½ maço de espinafre lavado
miolo de ½ pão francês
⅓ de xícara de leite
200 g de ricota fresca
sal e noz-moscada a gosto

1. Comece pelo molho. Lave os tomates, corte-os ao meio e coloque-os em uma panela grande com o alho, o louro, o tomilho, o alecrim, o cheiro-verde e o sal. Tampe a panela e leve ao fogo baixo por cerca de 1 hora, para que os tomates cozinhem e soltem o seu suco.

2. Retire as ervas e passe o molho de tomate por uma peneira. Acrescente o ketchup e, se preferir, bata o molho no liquidificador.

3. Cozinhe as folhas de espinafre em fogo bem baixo por cerca de 5 minutos. Deixe abafado na panela por mais alguns minutos. Depois de frio, esprema e pique bem. Regue o miolo de pão com o leite e deixe amolecer por cerca de 5 minutos. Amasse a ricota com um garfo. Junte o espinafre e o miolo de pão. Misture bem até formar uma massa uniforme. Tempere com sal e noz-moscada.

4. Coloque pequenas porções de massa entre duas colheres e modele-as delicadamente, no formato de quenelles. Acomode-as em um refratário e reserve. Cubra as quenelles com o molho de tomate e leve ao forno por 15 minutos. Sirva em seguida.

ENSOPADO
de lentilha com abóbora

ANDRÉ FRONZA • RENDIMENTO: 3 PORÇÕES

- 1 xícara de lentilha crua (195 g)
- 1 xícara de abóbora cortada em cubinhos (140 g)
- 2 colheres (chá) de suco de limão
- 2 dentes de alho amassados (10 g)
- 1 colher (chá) de páprica doce (3 g)
- ½ colher (chá) de sal (3 g)
- 6 xícaras de água filtrada

1. Coloque todos os ingredientes em uma panela e cozinhe até a lentilha ficar macia. Acrescente mais um pouco de água, se necessário. Experimente e ajuste os temperos, caso desejar. Sirva quente.

Para a lentilha cozinhar mais rápido, você pode cobri-la de água e deixá-la de molho por 2 horas. Depois, descarte a água da demolha e use normalmente. Nesse caso, diminua a quantidade de água do cozimento.

O suco de limão pode ser substituído por vinagre de maçã na mesma quantidade. Você também pode substituir a páprica doce pela defumada. Nesse caso, utilize apenas metade.

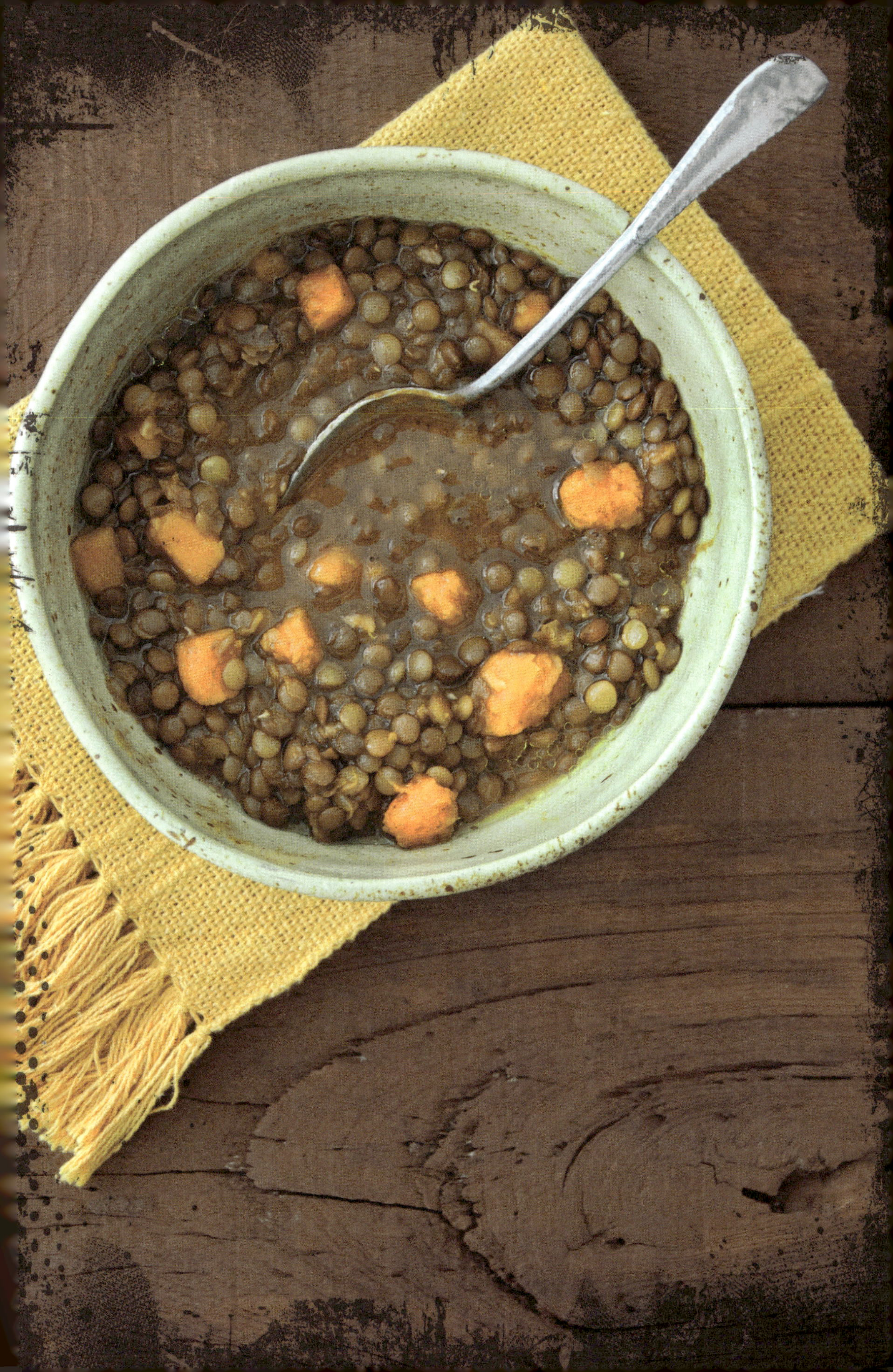

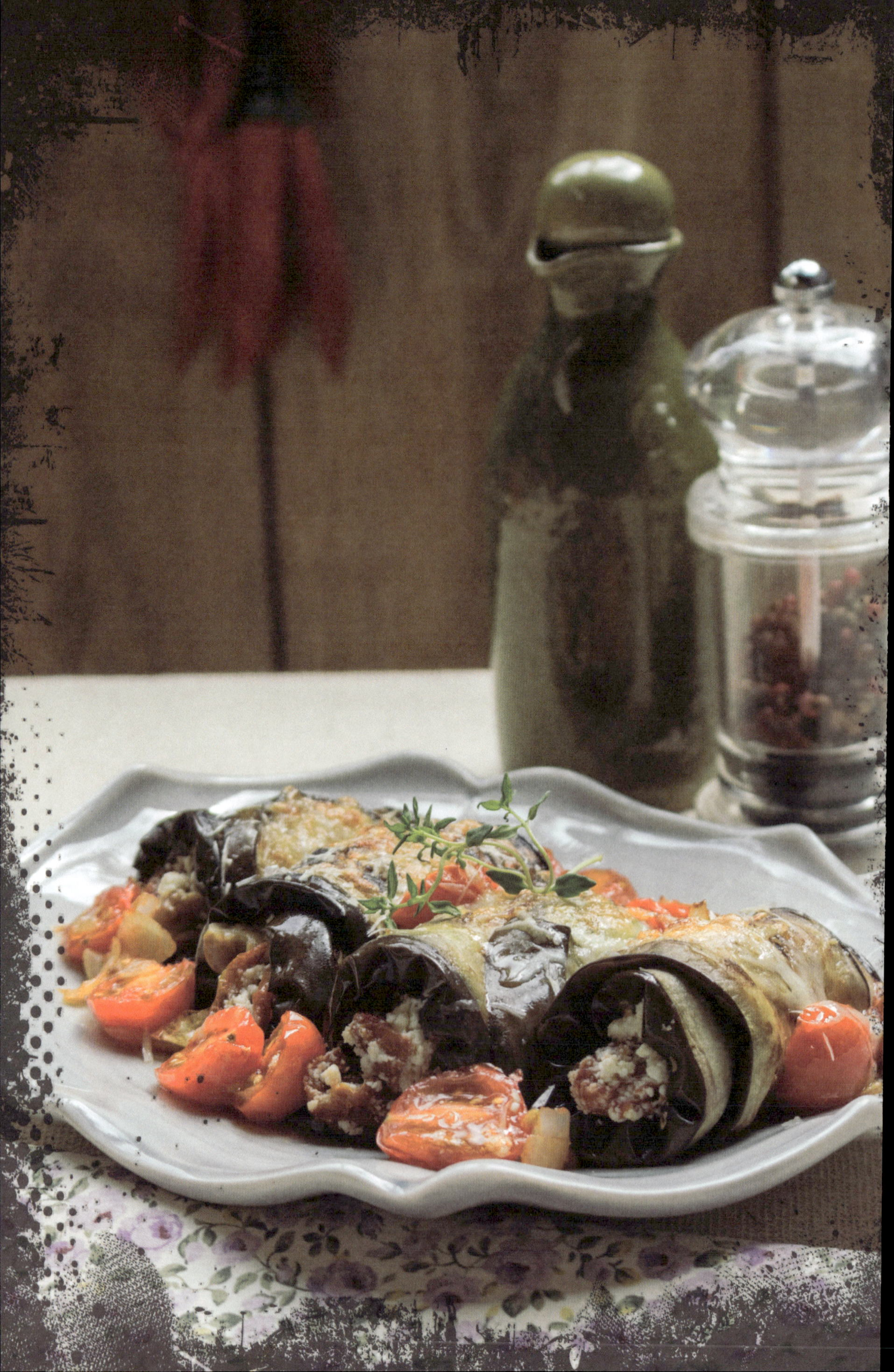

CANELONE
de berinjela

DANIEL BORK • RENDIMENTO: 6 PORÇÕES

---

2 xícaras de ricota

½ xícara de tomate seco picado grosseiramente

100 g de queijo muçarela ralado

½ xícara de nozes

folhas de 2 ramos de manjericão fresco

3 colheres (sopa) de azeite

sal e pimenta-do-reino a gosto

2 dentes de alho cortados em fatias

1 garrafa de polpa de tomate (680 g)

3 berinjelas cortadas em fatias finas no sentido do comprimento

queijo parmesão ralado a gosto para polvilhar

---

1. Coloque no processador a ricota com o tomate seco, a muçarela, as nozes, o manjericão e 1 colher (sopa) de azeite. Tempere com sal e pimenta e bata até formar uma mistura homogênea. Reserve.

2. Doure o alho no restante do azeite, acrescente a polpa de tomate e cozinhe em fogo moderado por 20 minutos, mexendo de vez em quando. Tempere a gosto.

3. Em uma frigideira antiaderente, untada com azeite, grelhe as fatias de berinjela dos dois lados, para ficarem maleáveis.

4. Distribua um pouco da mistura de ricota em cada fatia de berinjela, enrole e coloque em um refratário com a ponta virada para baixo.

5. Regue com o molho e polvilhe com o parmesão. Leve ao forno, preaquecido a 200 °C, por cerca de 15 minutos, até começar a dourar. Sirva quente.

NHOQUE
de espinafre

BRUNA PAVÃO • RENDIMENTO: 4 PORÇÕES

NHOQUE

2 batatas-doces cozidas e amassadas

2 xícaras de espinafre cozido e picado

1 xícara de farelo de aveia

½ xícara de farinha de arroz

¼ de xícara de azeite

1 colher (chá) de sal

½ colher (chá) de pimenta-do-reino moída

MOLHO DE TOMATE CASEIRO

6 tomates italianos maduros

água filtrada para cobrir

manjericão fresco a gosto

orégano a gosto

2 colheres (chá) de sal

1 colher (chá) de cúrcuma em pó

½ colher (chá) de cravo-da-índia

NHOQUE

1. Em um recipiente, misture bem a batata-doce com o espinafre, o farelo de aveia e a farinha de arroz. Acrescente o azeite, o sal e a pimenta. Amasse até obter uma massa homogênea.

2. Polvilhe uma superfície lisa e higienizada com farinha de arroz. Faça cordões com a massa do nhoque. Corte em pedaços com 2 cm e reserve. Se preferir, você pode moldar a massa em bolinhas.

3. Encha uma panela grande com água e leve ao fogo. Quando ferver, adicione alguns nhoques. Eles afundarão na água. Quando subirem para a superfície, significa que estarão cozidos. Retire-os da água com a ajuda de uma escumadeira e reserve no prato de servir. Faça isso com todos os nhoques, mas não se esqueça de colocar pequenas porções para cozinhar, senão eles ficarão todos grudados.

MOLHO DE TOMATE CASEIRO

1. Corte os tomates ao meio e descarte as sementes. Coloque-os em uma panela e cubra com água. Adicione o manjericão, o orégano, o sal, a cúrcuma e os cravos-da-índia. Leve ao fogo médio por cerca de 20 minutos para apurar. Caso seja necessário, adicione um pouco mais de água para deixar o molho mais líquido. Desligue o fogo, retire os cravos-da-índia e sirva por cima dos nhoques.

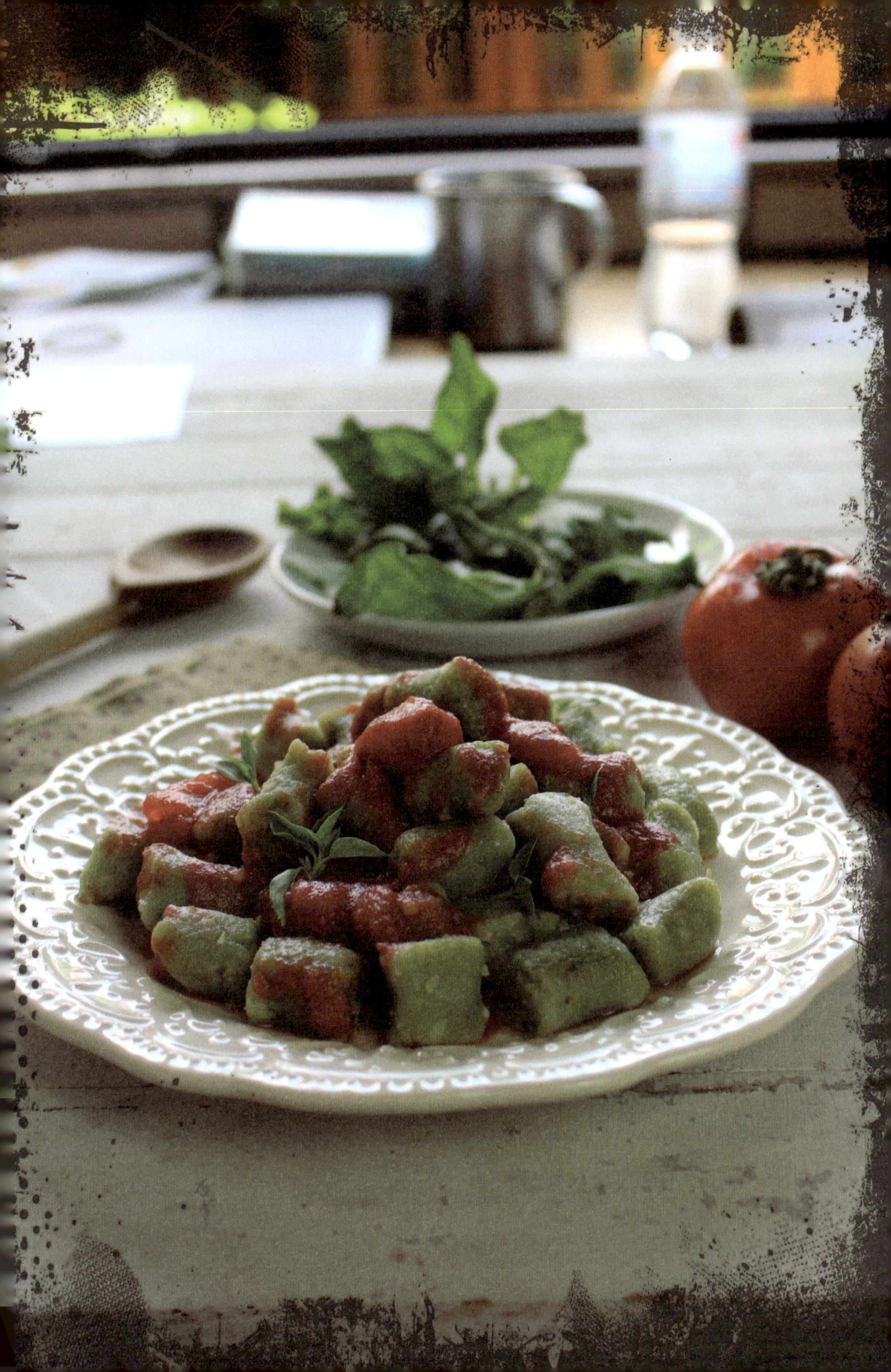

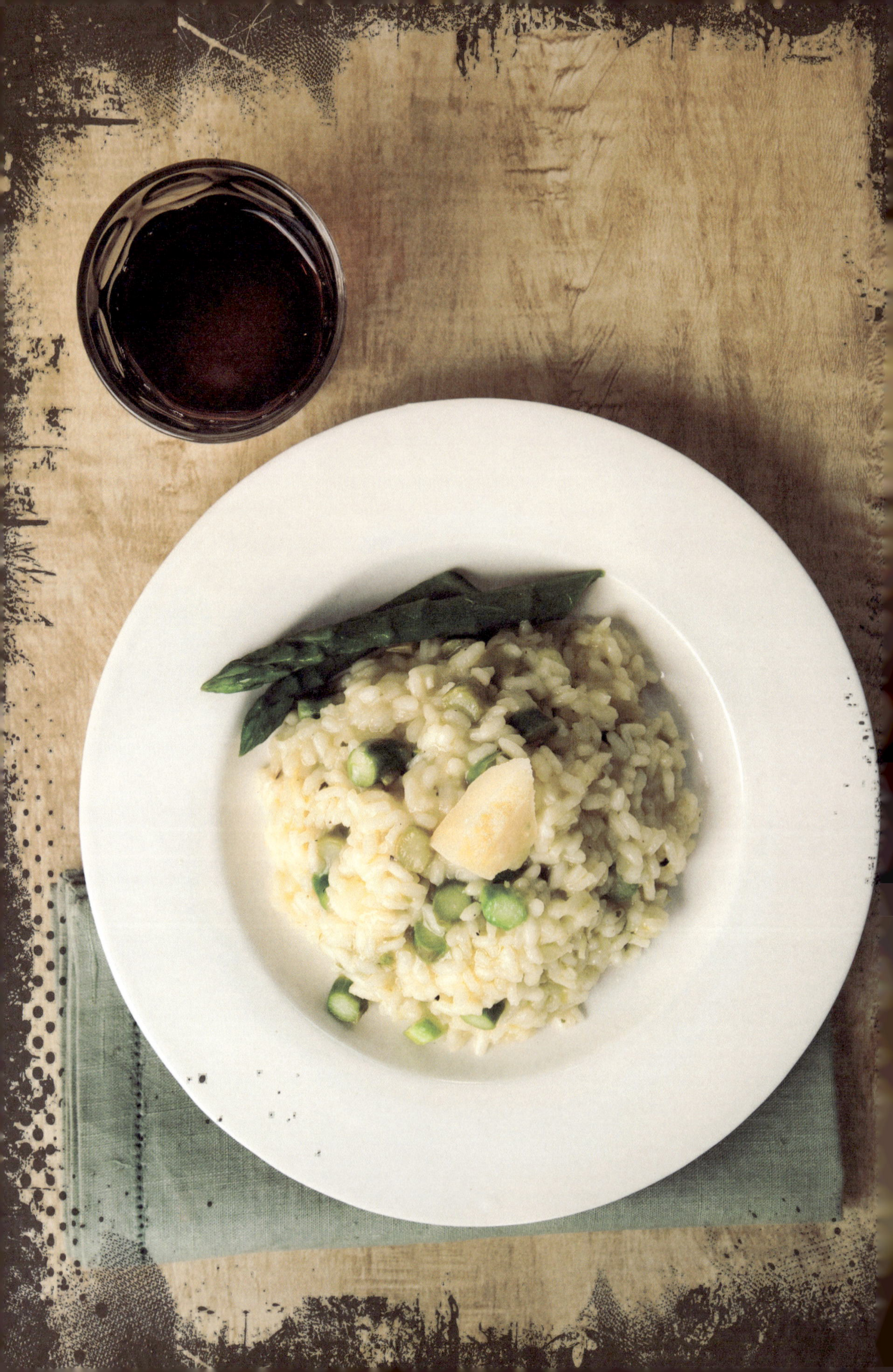

RISOTO
de aspargos

RENDIMENTO: 2 PORÇÕES

- 1 colher (sopa) de azeite
- 2 colheres (sopa) de manteiga
- 1 colher (sopa) de cebola picada
- 1 xícara de arroz tipo arbóreo ou carnaroli
- ½ xícara de vinho branco seco
- sal e pimenta-do-reino a gosto
- 3½ xícaras de água ou caldo de legumes
- 1 maço de aspargos verdes
- 1 colher (sopa) de queijo parmesão ralado para finalizar
- folhas de tomilho fresco para decorar

1. Leve uma panela de pressão ao fogo alto com o azeite e metade da manteiga e refogue a cebola. Acrescente o arroz e refogue até envolver todos os grãos na gordura. Junte o vinho, mexendo sempre, até evaporar o álcool, por 1 minuto. Tempere com sal e pimenta.

2. Acrescente toda a água ou o caldo de legumes de uma vez, misture e feche a panela de pressão. Assim que a panela começar a chiar, abaixe o fogo, conte 5 minutos e desligue. Com muito cuidado, coloque um garfo entre o pino e a tampa da panela para liberar completamente a pressão do ar quente.

3. Enquanto isso, cozinhe os aspargos no vapor por 10 minutos ou até ficarem *al dente*, ou seja, macios mas ainda firmes, sem desmancharem. Separe as pontas para decorar e corte o talo em rodelas. Tempere com sal e pimenta.

4. Abra a panela. Misture os talos de aspargo ao arroz, mexendo vigorosamente. Quando todo o caldo tiver sido absorvido, finalize com o restante da manteiga e o parmesão. Acerte o tempero, decore com tomilho fresco e as pontas dos aspargos reservadas e sirva imediatamente.

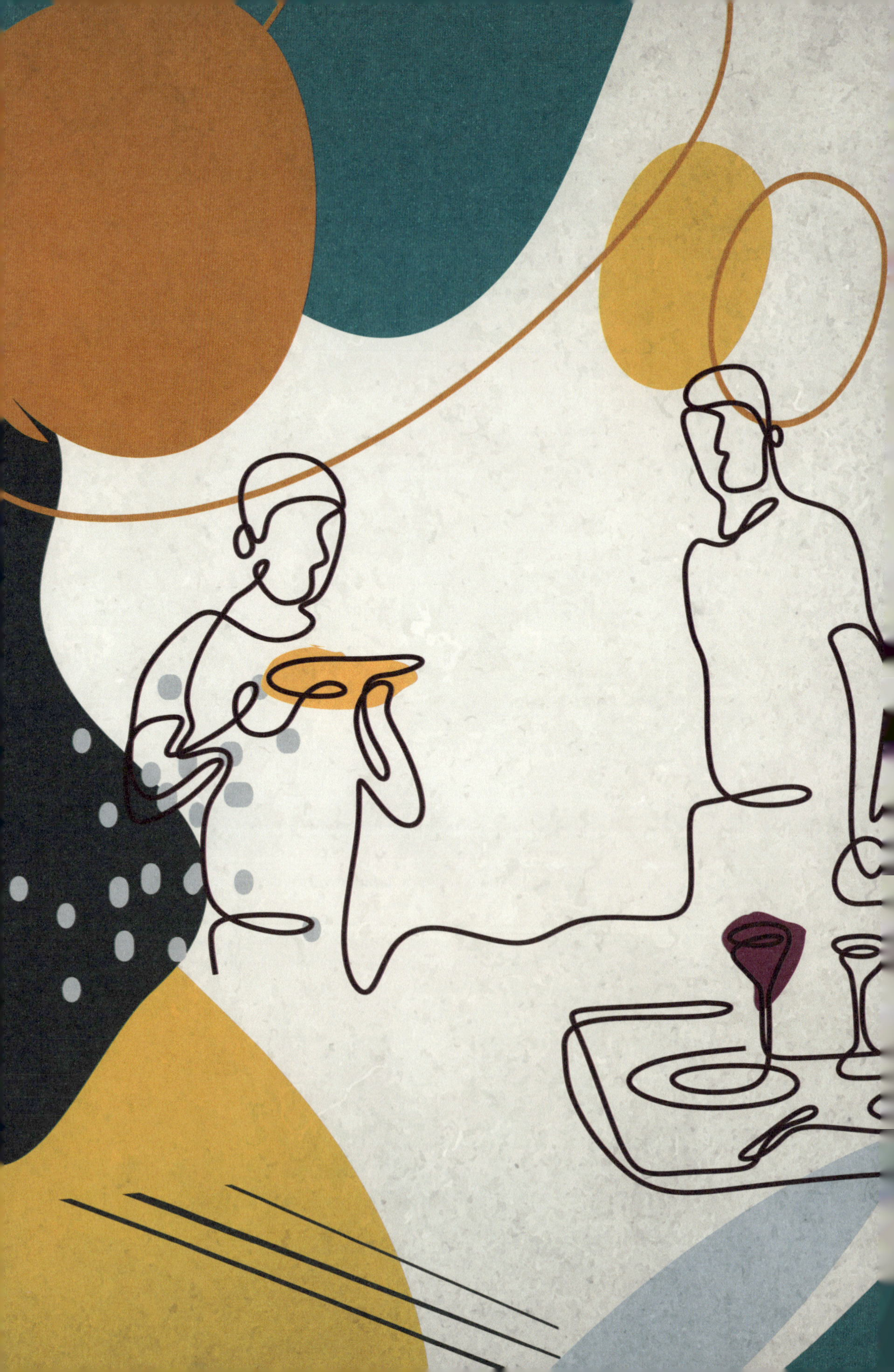

ALMOÇO
de domingo

ALMÔNDEGAS
de berinjela

KATIA CARDOSO • RENDIMENTO: 6 PORÇÕES

- 4 berinjelas médias cortadas em pedaços pequenos
- sal, pimenta-do-reino moída e pimenta calabresa a gosto
- 1 colher (sopa) de manjericão fresco bem picado
- ⅓ de xícara de azeite
- 2 colheres (sopa) de alho e cebola desidratados
- 3 colheres (sopa) de amaranto em flocos
- 1½ xícara (chá) de farinha de arroz

1. Preaqueça o forno a 180 °C.
2. Coloque as berinjelas em um refratário pequeno e tempere com o sal, as pimentas, o manjericão e o azeite. Misture bem e leve ao forno por 30 minutos ou até ficarem macias (vire na metade do tempo). Retire do forno e deixe esfriar bem.
3. Transfira as berinjelas para uma tigela e adicione o alho e a cebola desidratados. Adicione o amaranto e misture bem. Acrescente a farinha aos poucos, até dar o ponto de enrolar.
4. Enrole e volte ao forno por 15 minutos ou até dourar. Sirva com molho de tomate.

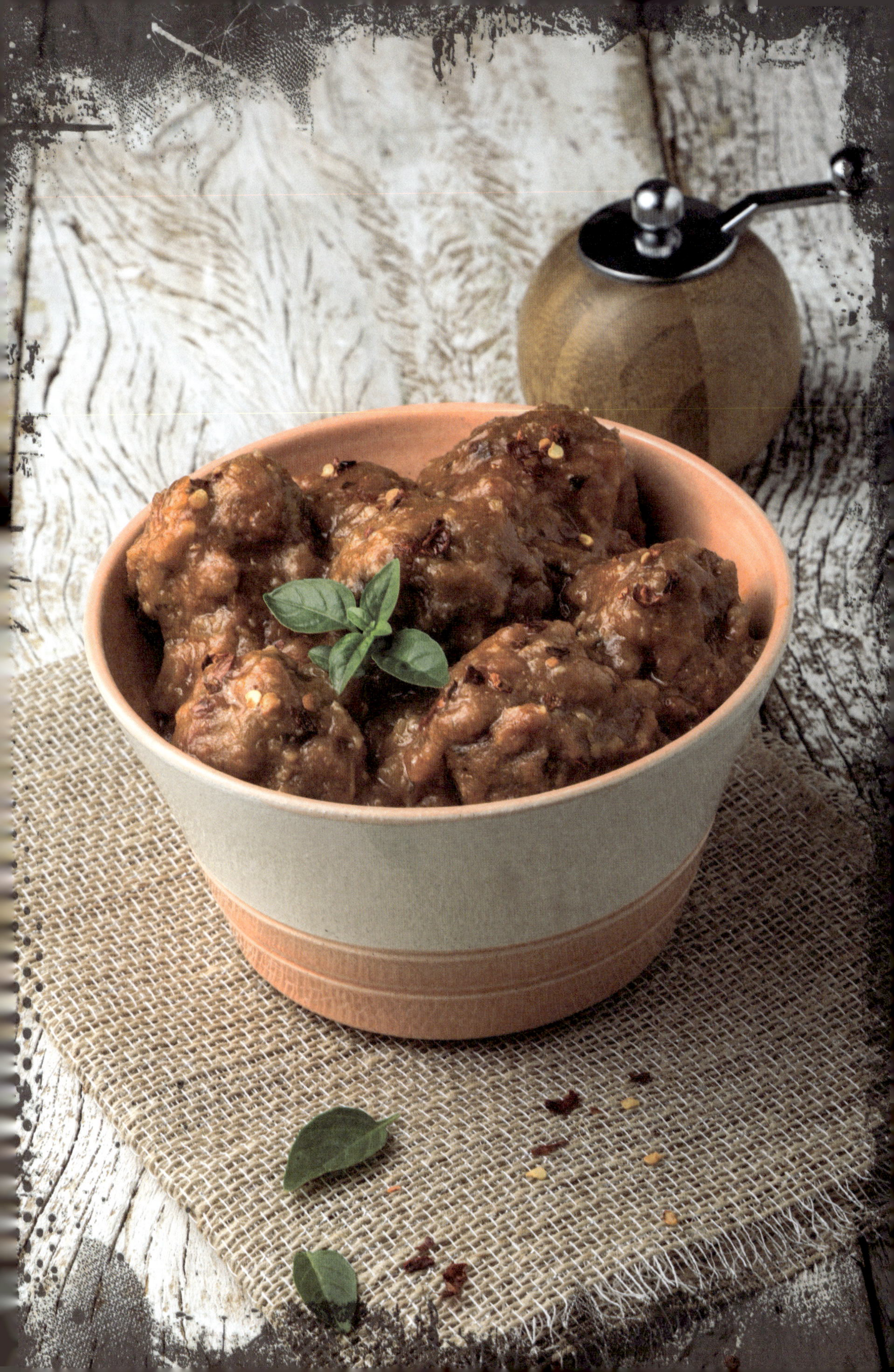

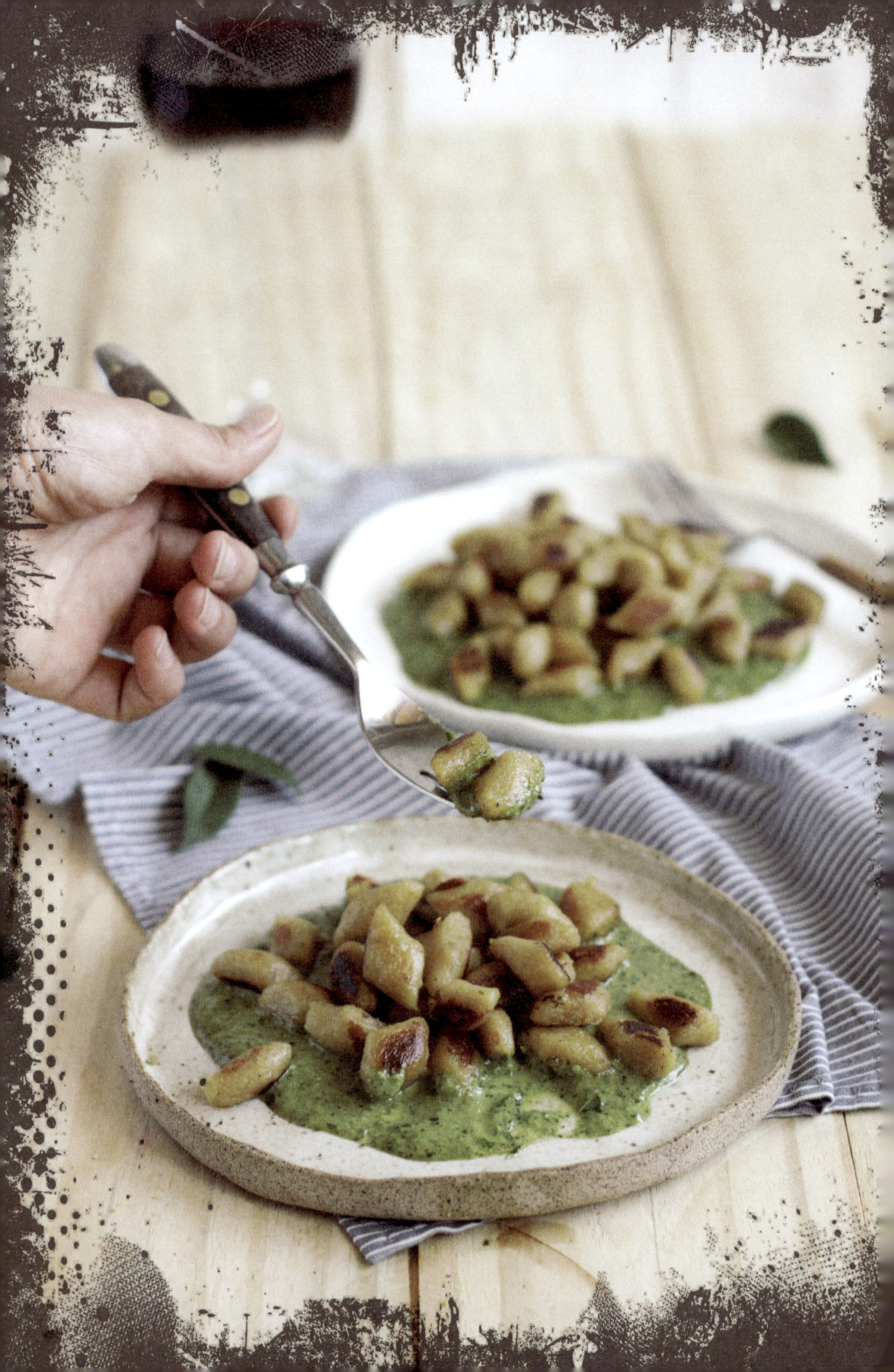

NHOQUE
com pesto de ora-pro-nóbis

GABI MAHAMUD • RENDIMENTO: 4 PORÇÕES

NHOQUE

8 colheres de sopa de azeite, mais um pouco para fritar o nhoque

2 dentes de alho sem casca picados

4 xícaras de batata-doce assada e amassadinha, como um purê

1 xícara de farinha de grão-de-bico

2 colheres (chá) de noz-moscada

sal a gosto

PESTO

1 xícara de salsinha fresca

1 xícara de ora-pro-nóbis

2 dentes de alho sem casca e sem o germe

1 colher (sopa) de suco de limão

½ xícara de nozes

½ xícara de azeite extravirgem

1 colher (chá) de levedura nutricional, fermento biológico seco ou levedura de cerveja (opcional)

sal e pimenta-do-reino a gosto

1. Comece pelo nhoque. Em uma panela em fogo médio, coloque o azeite e refogue o alho até ficar levemente dourado. Acrescente o purê de batata e mexa bem. Adicione a farinha, a noz-moscada e o sal e vá mexendo até que a farinha esteja cozida, a massa vire uma bolinha e desgrude do fundo da panela. Desligue o fogo e espere a massa esfriar (ela fica bem firme) para modelar os nhoques.

2. Quando já estiver fria, enfarinhe uma superfície lisa. Modele rolinhos de massa e corte as bolinhas de nhoque. Em uma frigideira, em fogo médio, jogue um fio de azeite e deixe esquentar um pouquinho. Coloque as bolinhas de nhoque e espere dourar (fica com uma crostinha crocante, então deixe até ficar bem douradinho mesmo, mas cuidado para não queimar).

3. Quando terminar o nhoque, prepare o pesto. É muito fácil: bata todos os ingredientes em um pilão ou liquidificador até obter um molhinho homogêneo. Sirva por cima do nhoque e delicie-se.

Se você não encontrar ora-pro-nóbis, use outra erva ou folha de sua preferência, como manjericão ou sálvia. Para amassar a batata-doce, você pode contar com a ajuda de um mixer ou espremedor.

BOBÓ DE LEGUMES
com farofa de pinoli

RENDIMENTO: 6 PORÇÕES

MOLHO

- 4 colheres (sopa) de manteiga
- 3 colheres (sopa) de farinha de trigo
- 1 litro de leite
- sal e pimenta-do-reino a gosto
- 3 dentes de alho picados
- azeite a gosto
- 2 tomates sem pele e sem sementes picados em cubos
- ½ xícara de água (120 ml)
- 200 ml de leite de coco

ABÓBORA

- 200 g de abóbora cabotiá
- 200 g de abobrinha
- 200 g de pimentão vermelho
- 200 g de pimentão amarelo
- 200 g de pimentão verde
- 200 g de couve-flor
- azeite a gosto
- 1 abóbora-moranga cozida inteira
- 200 g de queijo parmesão ralado

FAROFA

- 1 dente de alho picado
- 2 colheres (sopa) de manteiga
- 1 xícara de farinha de mandioca
- 6 ovos
- 2 colheres (sopa) de pinoli ou castanha-de-caju torrada picada
- 40 g de salsinha picada

MOLHO

1. Em uma panela de fundo grosso, derreta a manteiga em fogo brando e polvilhe a farinha de trigo. Deixe cozinhar até ferver. Despeje o leite de uma vez na panela e misture com um fouet (batedor de metal) ou uma colher de pau. Tempere com sal e pimenta. Deixe a mistura cozinhar por 5 minutos em fogo baixo, mexendo sempre, até obter um creme. Reserve.

2. Em uma panela, refogue o alho no azeite. Quando dourar, acrescente os tomates e a água. Abaixe o fogo e tampe a panela. Assim que os tomates amolecerem, coloque o leite de coco. Tampe novamente e espere apurar. Reserve.

ABÓBORA

1. Preaqueça o forno a 180 °C. Pique em cubos a abóbora cabotiá, a abobrinha, os pimentões coloridos e a couve-flor.

2. Grelhe todos os legumes na chapa com azeite. Misture o molho branco com o molho de tomate e leite de coco e acrescente os legumes grelhados.

3. Corte uma tampa da abóbora-moranga cozida e retire as sementes. Coloque a mistura de legumes dentro dela. Salpique queijo ralado e leve ao forno para gratinar.

FAROFA

1. Refogue o alho com a manteiga e toste a farinha de mandioca. Faça os ovos mexidos à parte, mas os deixe malpassados, ainda cremosos.

2. Misture os ovos na farofa e adicione os pinoli ou a castanha-de-caju. Finalize com o sal e a salsinha.

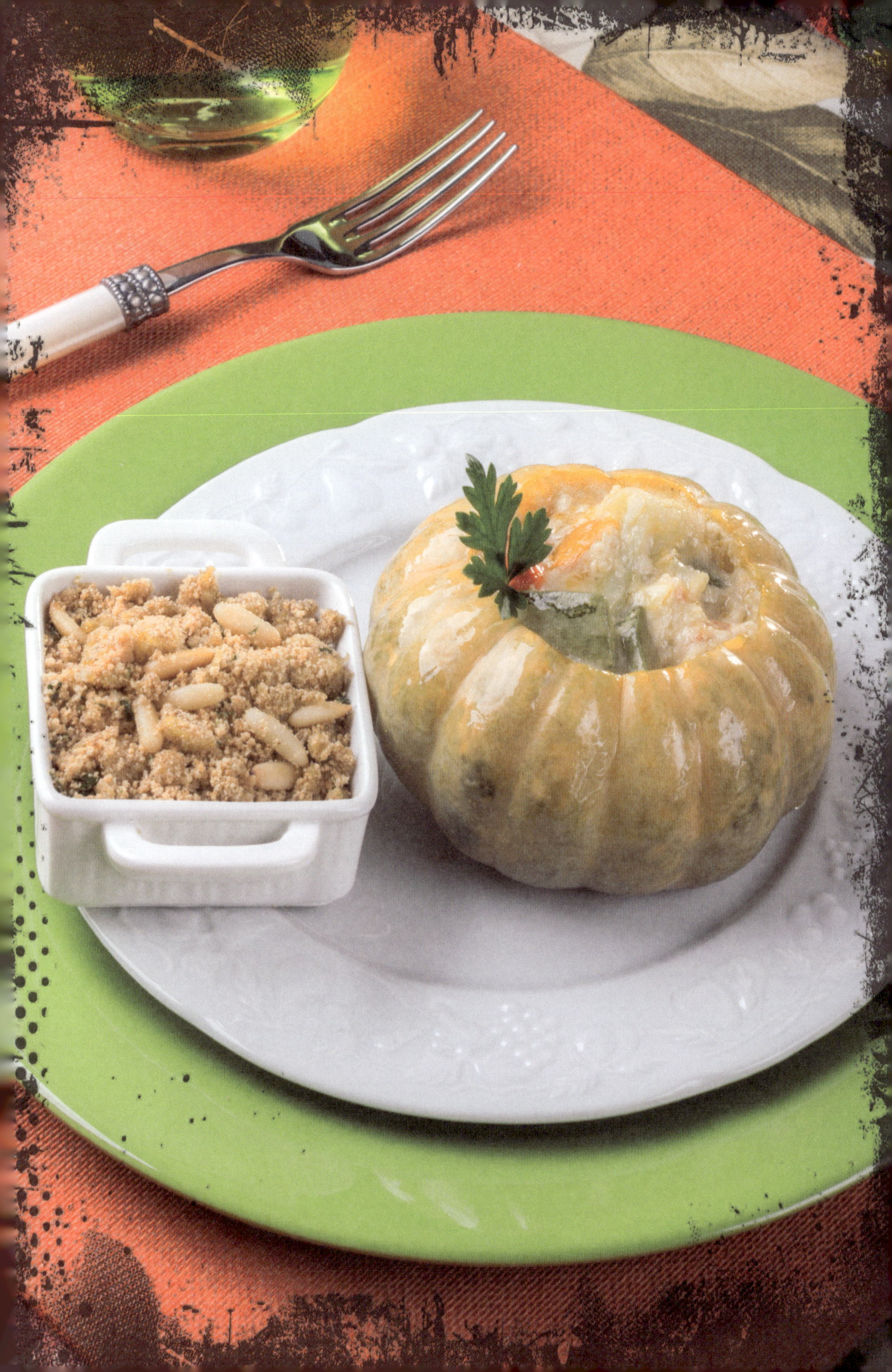

MOQUECA
... de banana-da-terra

RENDIMENTO: 8 PORÇÕES

PASTA DE TEMPEROS

1 colher (chá) de coentro

1 colher (chá) de cominho

1 colher (chá) de gengibre ralado

1 colher (chá) de pimenta dedo-de--moça sem sementes picada

1 colher (chá) de urucum

LEITE DE COCO CASEIRO

2 xícaras de coco ralado

1 litro de água morna

MOQUECA

4 cebolas, sendo 1 picada e 3 cortadas em rodelas

1 tomate médio

2 dentes de alho picados

azeite de dendê a gosto

1 pimentão verde cortado em rodelas

1 pimentão vermelho cortado em rodelas

1 pimentão amarelo cortado em rodelas

1 kg de banana-da-terra

1. Faça uma pasta de temperos com o coentro, o cominho, o gengibre, a pimenta dedo-de moça e o urucum. Triture tudo e reserve.

2. Bata no liquidificador o coco ralado com a água até ficar homogêneo. Coe e reserve.

3. Em uma panela grande, refogue a cebola picada, o tomate e o alho com o azeite de dendê.

4. Acrescente a pasta de temperos ao refogado. Despeje metade do leite de coco e ferva até reduzir um pouco. Disponha em camadas os pimentões, intercalado com a cebola cortada em rodelas. Acrescente mais leite de coco até cobrir. Cozinhe até os legumes ficarem macios.

5. Na hora de servir, coloque, no centro, bananas--da-terra cortadas em rodelas e grelhadas, além de bananas-da-terra cortadas no sentido horizontal, também grelhadas.

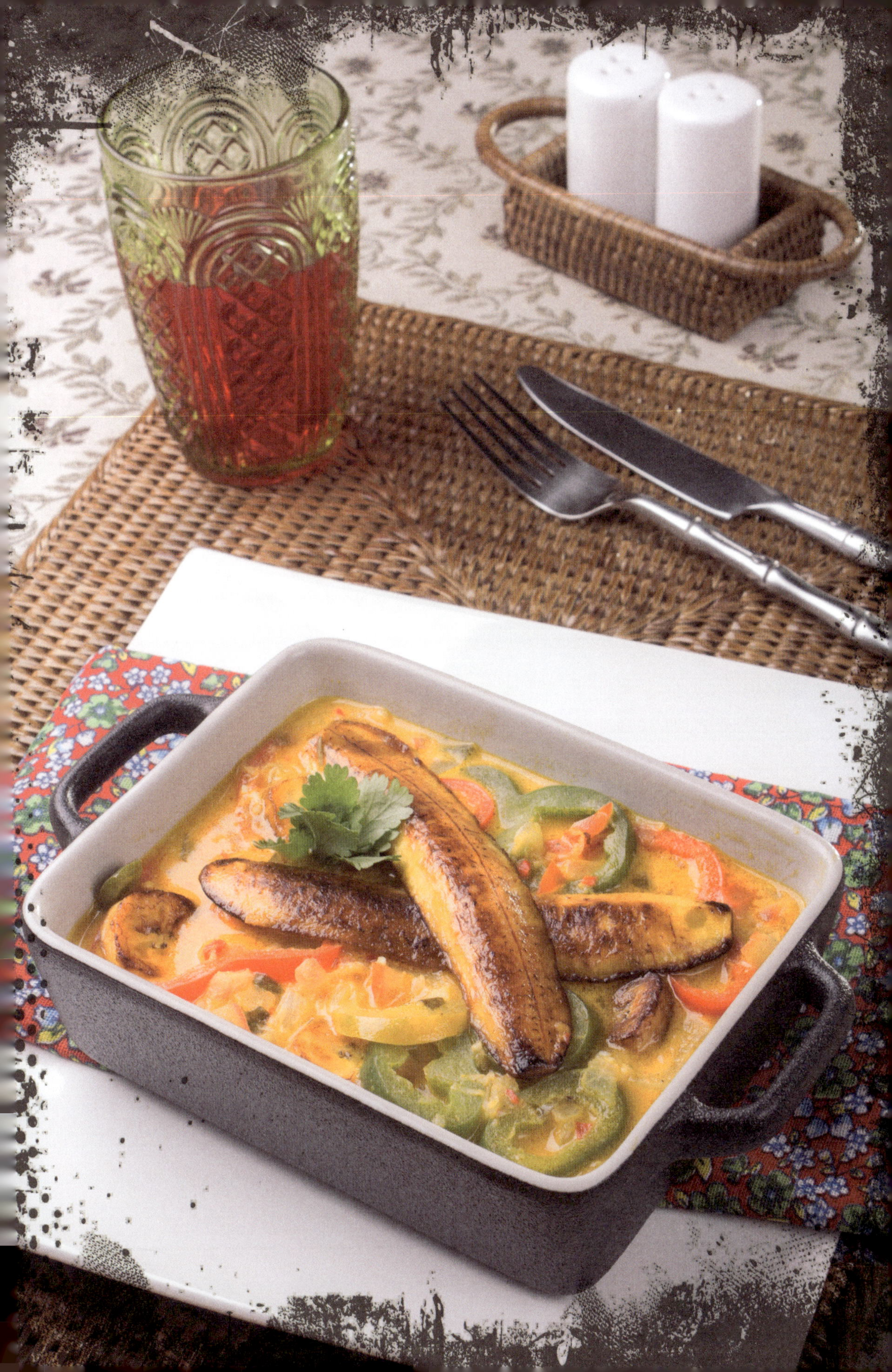

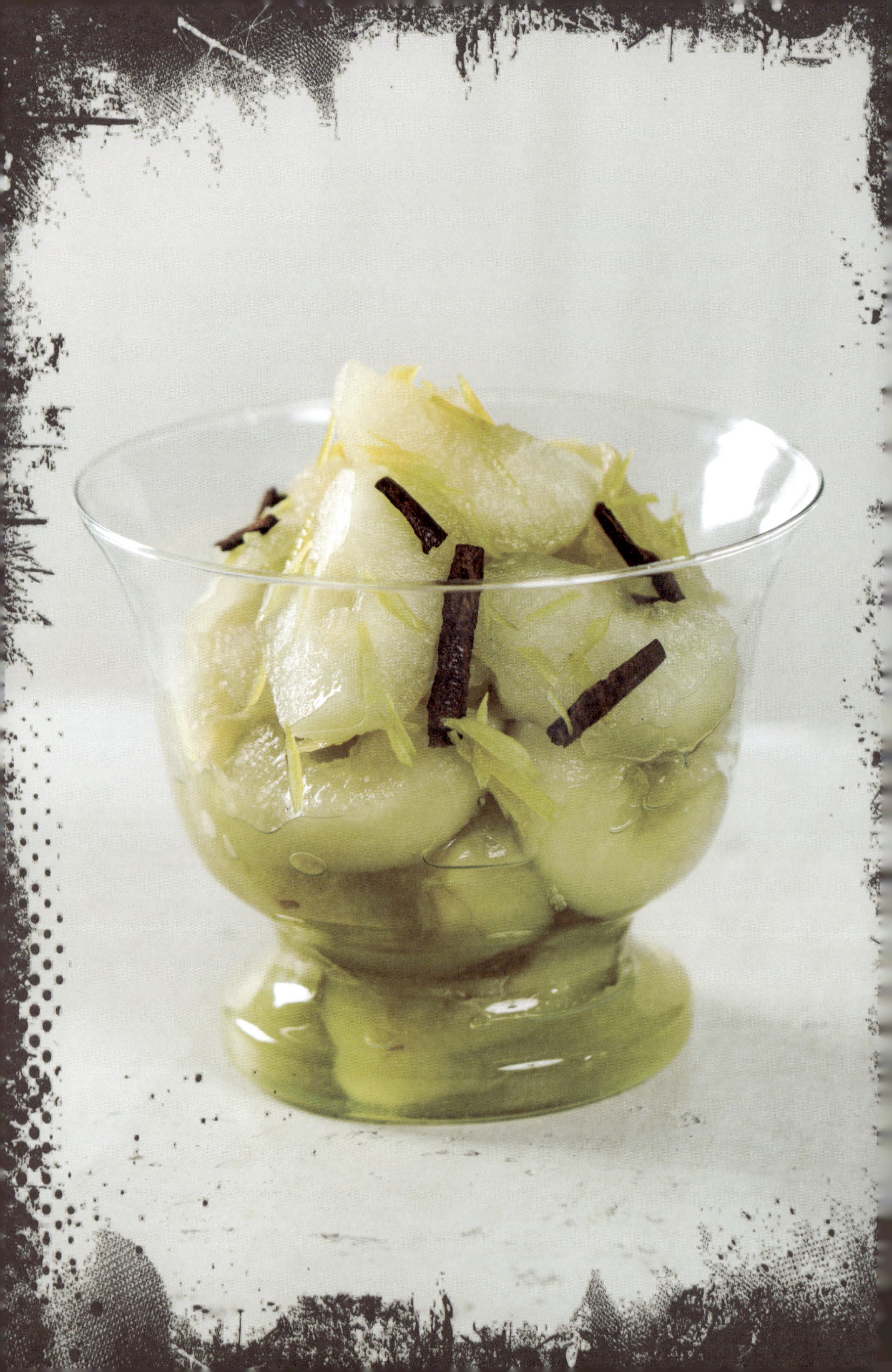

DOCE
de maçã verde

GIL GONDIM • RENDIMENTO: 12 PORÇÕES

---

1 kg de maçã verde

raspas de limão-siciliano a gosto

1 canela em pau

3 xícaras (chá) de açúcar cristal

1. Descasque as maçãs, tire os caroços e deixe-as na água para não oxidar.

2. Corte-as em pedaços pequenos. Coloque na panela todos os ingredientes e deixe ferver por aproximadamente 30 minutos, quando o doce estará totalmente cozido e apurado, porém mantendo a cor das maçãs.

3. Acondicione em vidros esterilizados e faça o processo de pasteurização (vácuo).

Por ser rica em pectina e de cor neutra, a maçã verde é muito utilizada como base para fabricação de geleias, e cada vez mais é consumida ao natural em saladas, vinagretes e salpicões. Usar uma panela baixa com boca larga é melhor para o resultado final entre sabor e textura. Corte raspas fininhas do limão-siciliano, de forma a evitar a parte branca, que é amarga.

PAVÊ
de paçoca

KATIA CARDOSO • RENDIMENTO: 6 PORÇÕES

- 1½ xícara de leite vegetal
- ½ xícara de açúcar cristal orgânico
- 6 colheres (sopa) de amido de milho
- 1 xícara de pasta de amendoim sem açúcar
- 1 colher (sopa) de licor de amendoim
- 150 g de biscoito sem lactose (vegano)
- 1 xícara de xerém de amendoim para polvilhar

1. Forre uma fôrma de bolo inglês com papel-alumínio e unte com óleo vegetal.

2. Em uma panela, misture bem o leite (reserve ½ xícara) com o açúcar e o amido de milho. Leve ao fogo, mexendo sempre até engrossar. Retire do fogo e junte a pasta de amendoim. Mexa bem até obter uma mistura homogênea. Reserve até esfriar um pouco.

3. Em uma tigela, misture o leite reservado com o licor. Passe os biscoitos rapidamente nessa mistura. Espalhe um pouco do creme no fundo da fôrma e monte o pavê alternando camadas dos biscoitos e do creme, finalizando com o creme.

4. Cubra com filme plástico e leve à geladeira por 8 horas. Pouco antes de servir, desenforme e polvilhe com o xerém de amendoim.

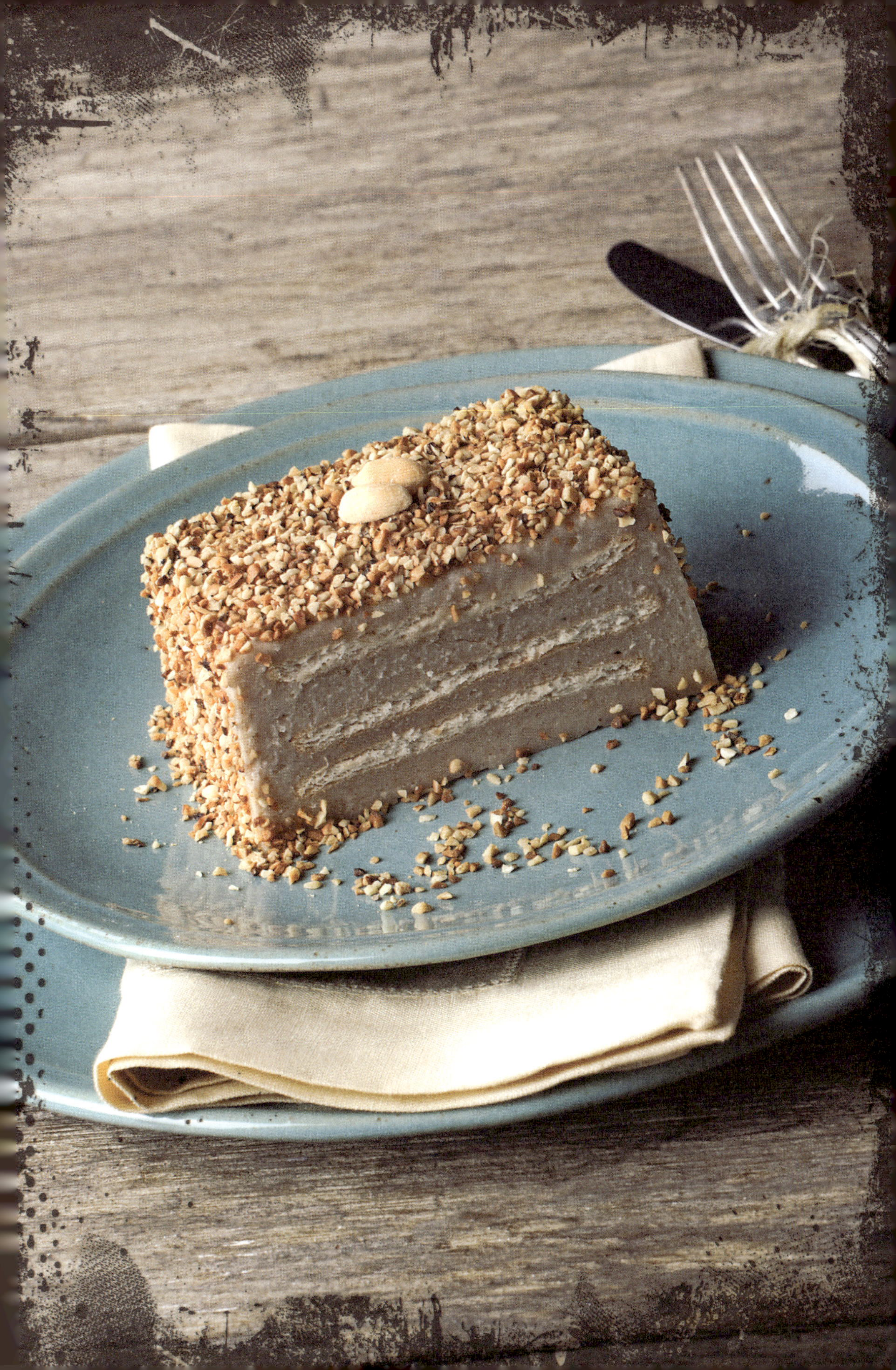

MAIS FÁCIL *que macarrão instantâneo*

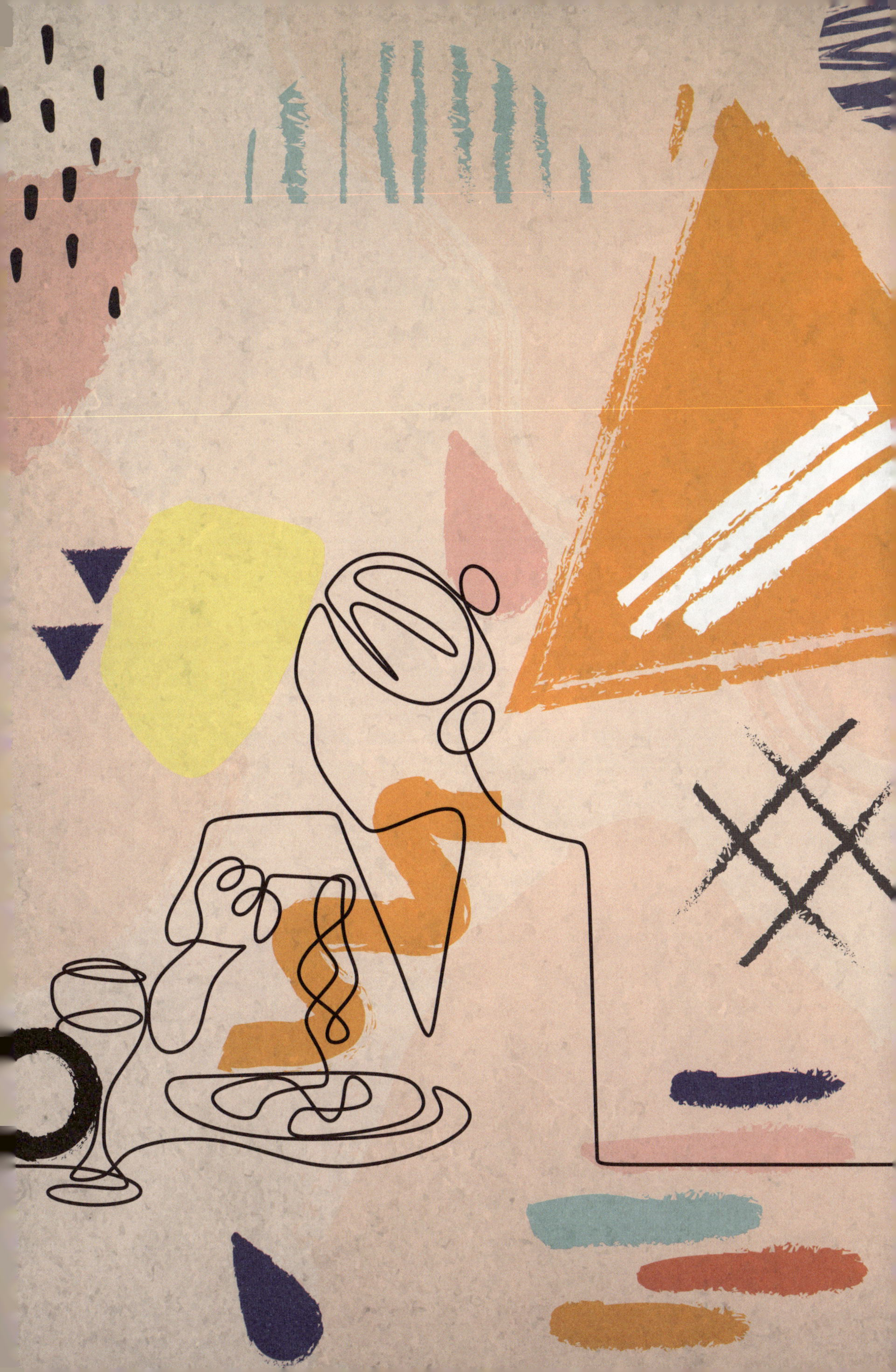

SALADA
de batata bolinha

GIL GONDIM • RENDIMENTO: 8 PORÇÕES

1 kg de batata bolinha (quanto menor a batata, melhor)

2 cebolas

2 dentes de alho

1 xícara (chá) de azeite de oliva

sal a gosto

1 maço de salsinha

1 pimenta dedo-de-moça

2 batatas médias cozidas

1. Coloque as batatas bolinhas para cozinhar, deixando *al dente*, e reserve.

2. Bata no liquidificador o restante dos ingredientes e despeje sobre as batatinhas ainda quentes.

3. Disponha em vidros esterilizados e deixe na geladeira por 24 horas, para pegar gosto, antes de servir.

Rainha das conservas, a batata bolinha é a estrela em qualquer prato em que esteja presente. Seja assada, seja cozida, salteada, marinada, recheada, é sucesso garantido.

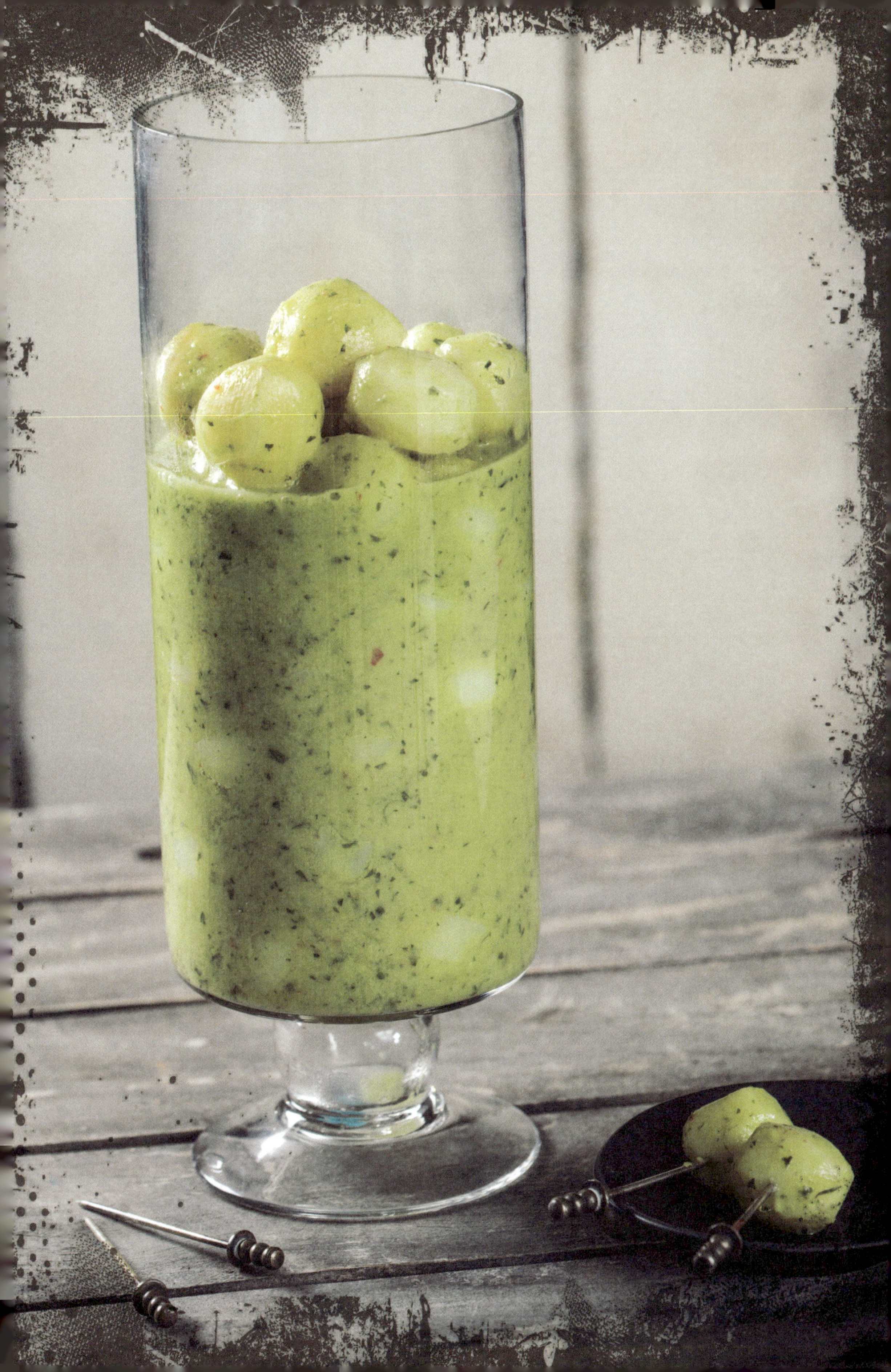

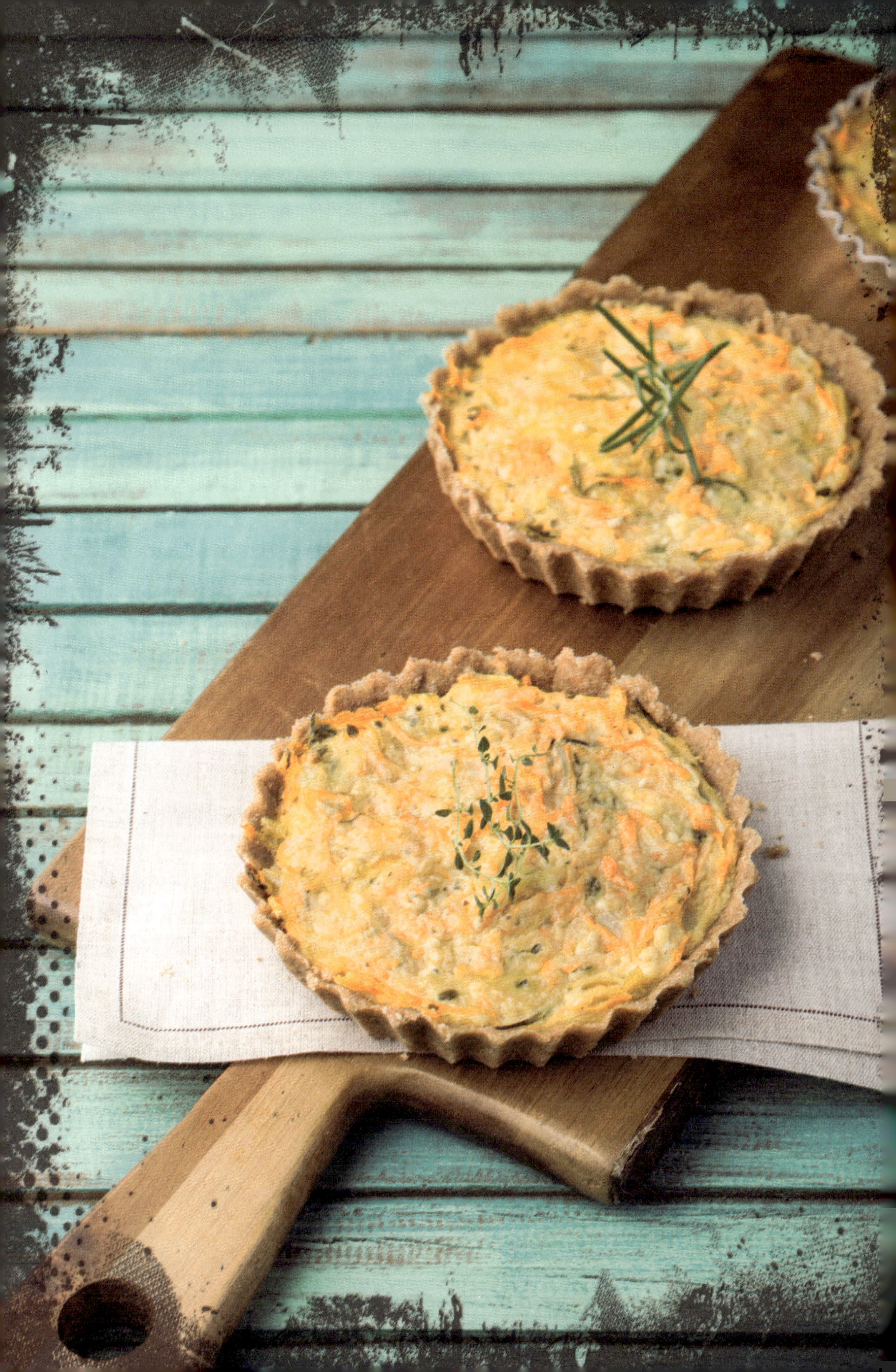

TORTINHA
de legumes

KATIA CARDOSO • RENDIMENTO: 3 UNIDADES

MASSA

1 xícara de farinha de trigo integral

¼ de xícara de azeite

3 colheres (chá) de água

uma pitada de sal

uma pitada de pimenta-do-reino branca moída na hora

RECHEIO

2 cenouras pequenas, sem casca, raladas

1 talo de alho-poró fatiado

1 xícara de tofu marinado amassado com um garfo

1 xícara de leite de aveia

tomilho e alecrim frescos picados a gosto

1. Preaqueça o forno a 180 °C.
2. Em uma tigela, misture a farinha e o azeite até virar uma farofa. Adicione a água, o sal e a pimenta. Continue mexendo até formar uma massa homogênea.
3. Forre 3 forminhas de 12 cm de diâmetro com a massa. Com um garfo, faça furinhos na base da massa e leve ao forno por 15 minutos ou até começar a dourar. Retire e reserve.
4. Enquanto isso, misture todos os ingredientes do recheio. Cubra a massa assada com essa mistura e leve ao forno novamente por 35 minutos ou até a cobertura firmar. Retire do forno e espere esfriar antes de desenformar.

ESPAGUETE
com molho de cogumelos

DALTON RANGEL • RENDIMENTO: 4 PORÇÕES

- 2 colheres (sopa) de azeite de oliva extravirgem
- 2 dentes de alho bem picados
- 1 pimenta dedo-de-moça sem sementes bem picada
- 100 g de cogumelo-de-paris cortado em quatro
- 100 g de shiitake fatiado
- 100 g de shimeji (separe os buquês com as mãos)
- sal e pimenta-do-reino a gosto
- 300 g de espaguete grano duro
- 2 colheres (sopa) de salsinha picada
- queijo parmesão ralado a gosto

1. Em uma frigideira grande, refogue no azeite o alho e a pimenta dedo-de-moça. Junte os cogumelos, tempere com sal e pimenta-do-reino e refogue rapidamente para não formar muita água. Mantenha quente.
2. Cozinhe a massa em água fervente com sal até ficar al dente. Escorra.
3. Transfira a massa para a frigideira com os cogumelos e junte a salsinha.
4. Finalize com queijo parmesão e mais azeite.

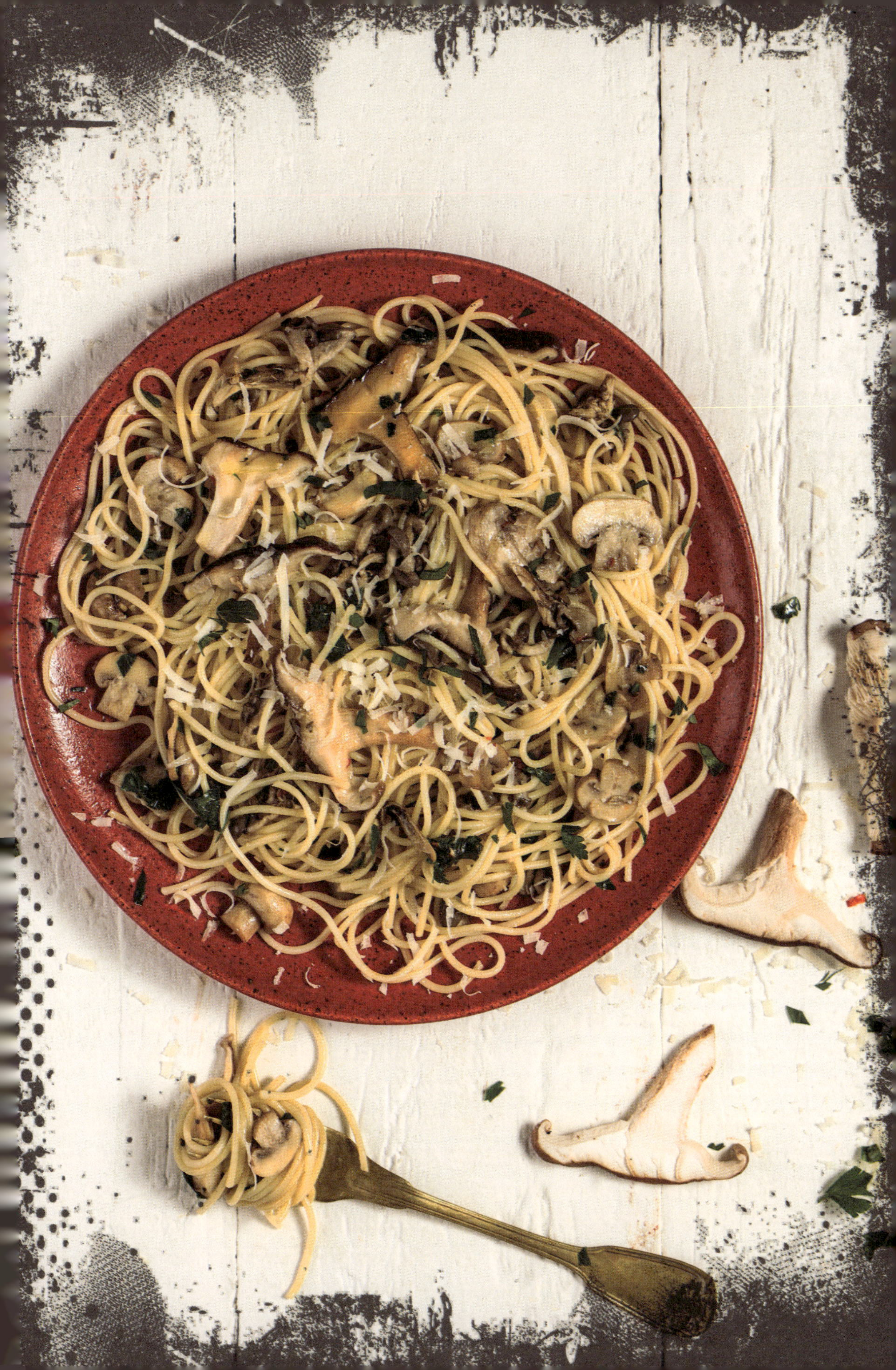

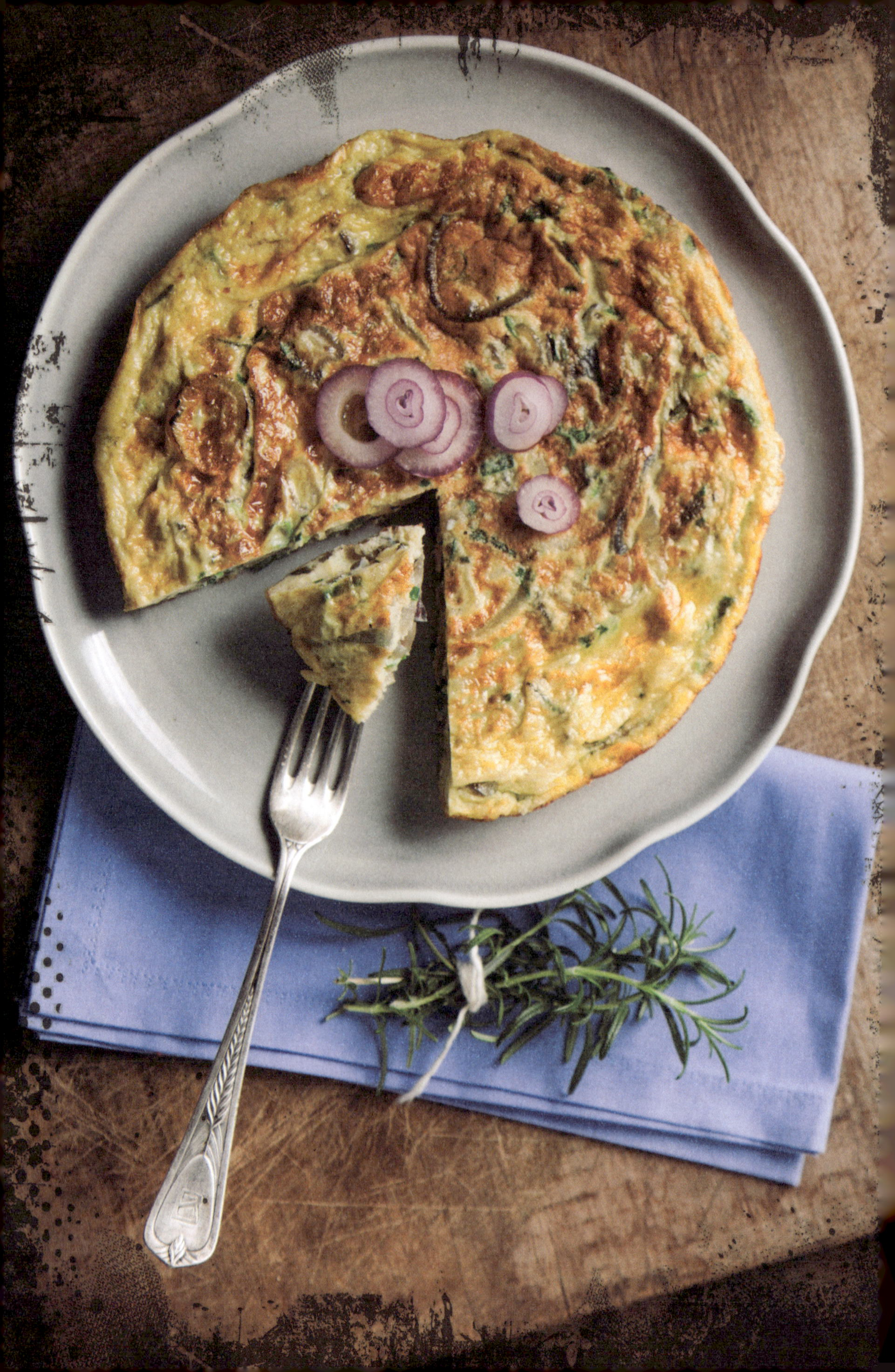

FRITADA
... de cebola e ervas

RENDIMENTO: 2 PORÇÕES

- 2 colheres (sopa) de azeite
- 1 cebola amarela fatiada
- 1 cebola roxa fatiada
- 1 colher (sopa) de alecrim fresco bem picado
- 4 ovos
- 1 colher (sopa) de farinha de trigo
- ½ colher (chá) de fermento químico em pó
- ½ xícara de cebolinha fresca picada
- sal e pimenta-do-reino a gosto

1. Aqueça o azeite em uma frigideira e refogue os dois tipos de cebola e o alecrim em fogo baixo por 5 minutos, até dourarem.

2. Enquanto isso, bata bem os ovos. Junte a farinha, o fermento e a cebolinha, tempere com sal e pimenta e misture até incorporar tudo.

3. Despeje a mistura de ovos sobre a cebola, tampe e cozinhe em fogo baixo até as bordas começarem a dourar. Vire a fritada com o auxílio de um prato e doure do outro lado. Sirva em seguida.

TARTELETTE
mediterrânea

RENDIMENTO: 6 PORÇÕES

1 pacote de massa folhada laminada
1 xícara de tomate seco picado
1 xícara de fundo ou coração de alcachofra em conserva picado
200 g de ricota esfarelada
sal e pimenta-do-reino a gosto
1 xícara de espinafre fresco picado
¼ de xícara de nozes picadas grosseiramente
azeite a gosto

1. Preaqueça o forno a 230 °C.
2. Corte a massa folhada em 6 quadrados e arrume-os em uma assadeira. Dobre as beiradas da massa para fazer uma borda de 1 cm.
3. Divida o recheio entre os quadrados de massa nesta ordem: tomate seco, alcachofra e ricota. Tempere com sal e pimenta. Leve ao forno até dourar.
4. Na hora de servir, cubra com o espinafre e as nozes e regue com um fio de azeite.

Se preferir, troque a alcachofra por cogumelos.
É importante escorrer bem os vegetais em conserva para não encharcar a massa e prejudicar a textura crocante.

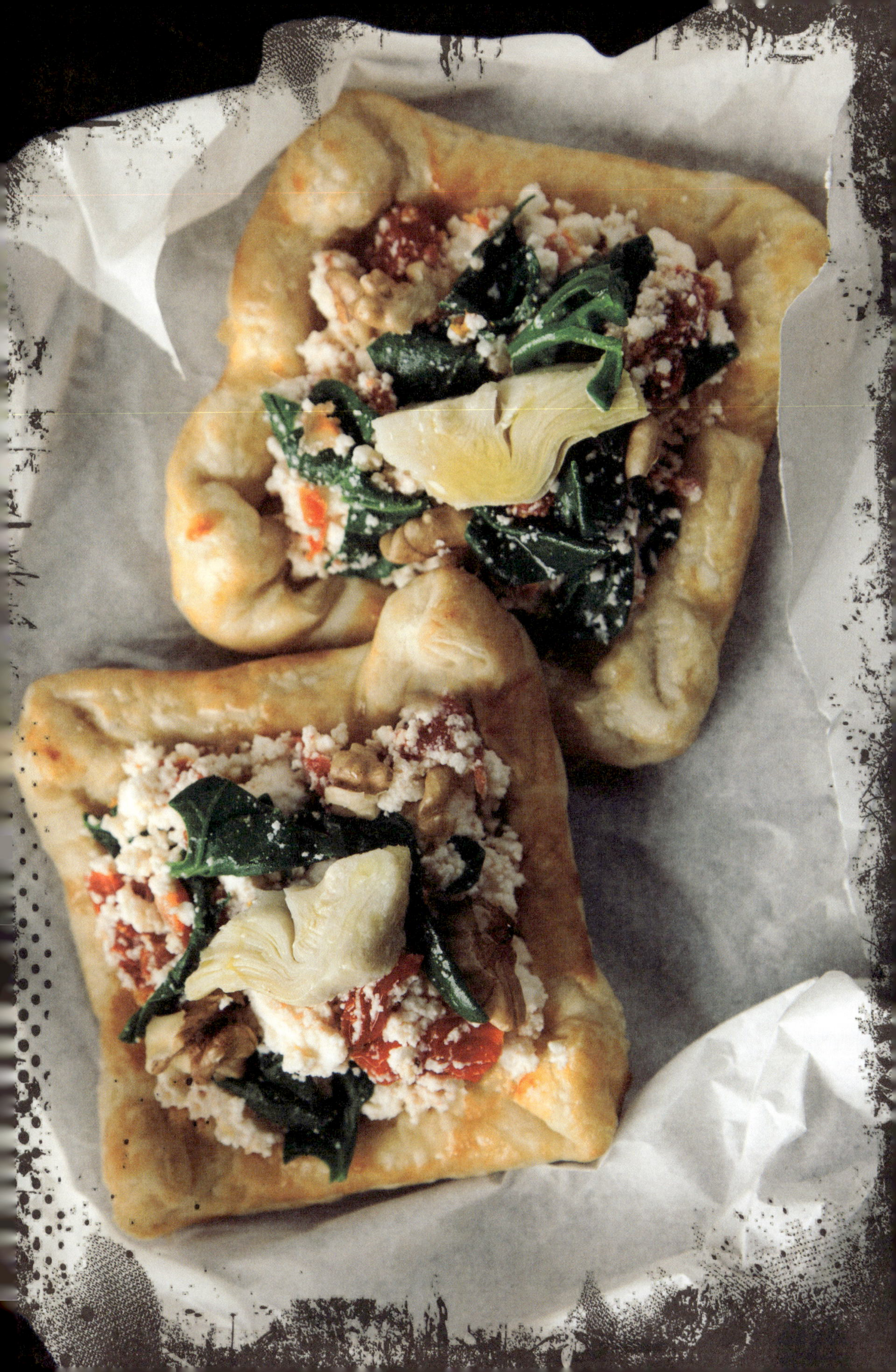

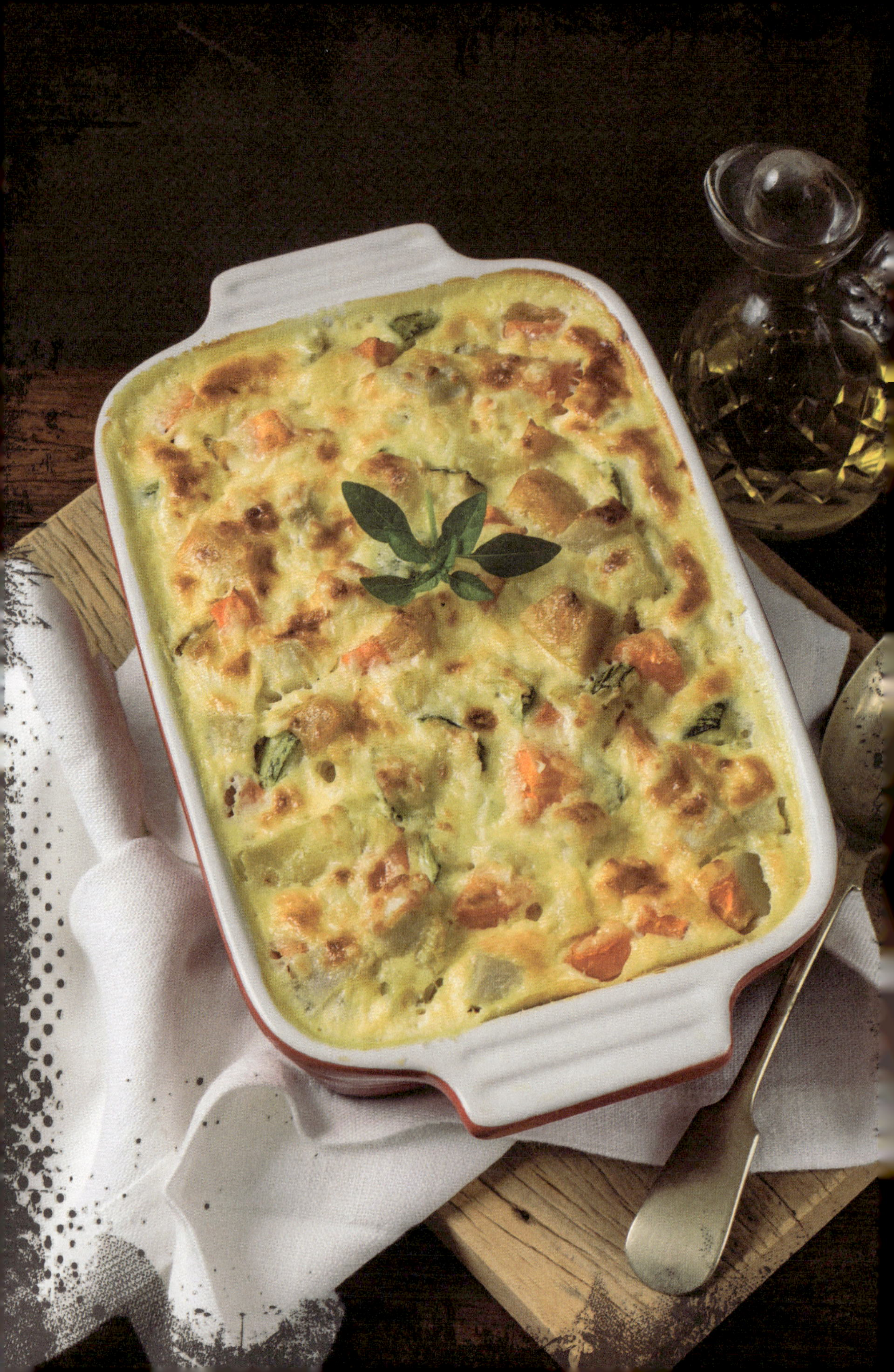

LEGUMES
... cremosos ao forno

DANIEL BORK • RENDIMENTO: 6 PORÇÕES

½ colher (chá) de alho em pó

1 colher (sopa) de mostarda preparada ou ½ colher (chá) de mostarda em pó

½ colher (chá) de cebola em pó

2 caixinhas de creme de leite

1 vidro de palmito picado

½ xícara de queijo parmesão ralado

2 xícaras de cenoura picada

2 xícaras de cará picado

2 xícaras de abobrinha picada

2 xícaras de batata-doce picada

2 xícaras de batata picada

1½ xícara de abóbora japonesa picada

sal e cheiro-verde a gosto

1. Preaqueça o forno a 180 °C.
2. Bata no liquidificador os seis primeiros ingredientes, até obter um creme homogêneo. Reserve.
3. Em uma tigela grande, misture rapidamente o restante dos ingredientes. Acrescente o creme de palmito e misture bem.
4. Transfira para um refratário e leve ao forno. Asse por cerca de 30 minutos, até começar a dourar. Sirva quente.

CHEESECAKE
com calda de chocolate e frutas

RENDIMENTO: 10 PORÇÕES

- 2 ovos
- ½ xícara de leite
- 1 lata de creme de leite
- 1 lata de leite condensado
- 3 colheres (sopa) de farinha de trigo
- 500 g de ricota esfarelada
- 2 colheres (sopa) de manteiga
- 200 g de chocolate meio amargo picado
- 1 colher (sopa) de mel
- frutas vermelhas para decorar

1. Preaqueça o forno a 180 °C.
2. Coloque no liquidificador os ovos, o leite, metade do creme de leite e o leite condensado e bata até misturar. Adicione a farinha, a ricota e a manteiga e bata novamente até ficar homogêneo.
3. Transfira para uma fôrma de aro removível untada com manteiga e farinha. Leve ao forno por 25 minutos ou até dourar.
4. Enquanto isso, coloque o restante do creme de leite e o chocolate em uma tigela e derreta em banho-maria até obter um creme. Junte o mel e reserve.
5. Espere o cheesecake esfriar um pouco antes de desenformar. Regue com a calda de chocolate e decore com as frutas vermelhas antes de servir.

Se preferir uma calda mais cremosa, use creme de leite fresco.

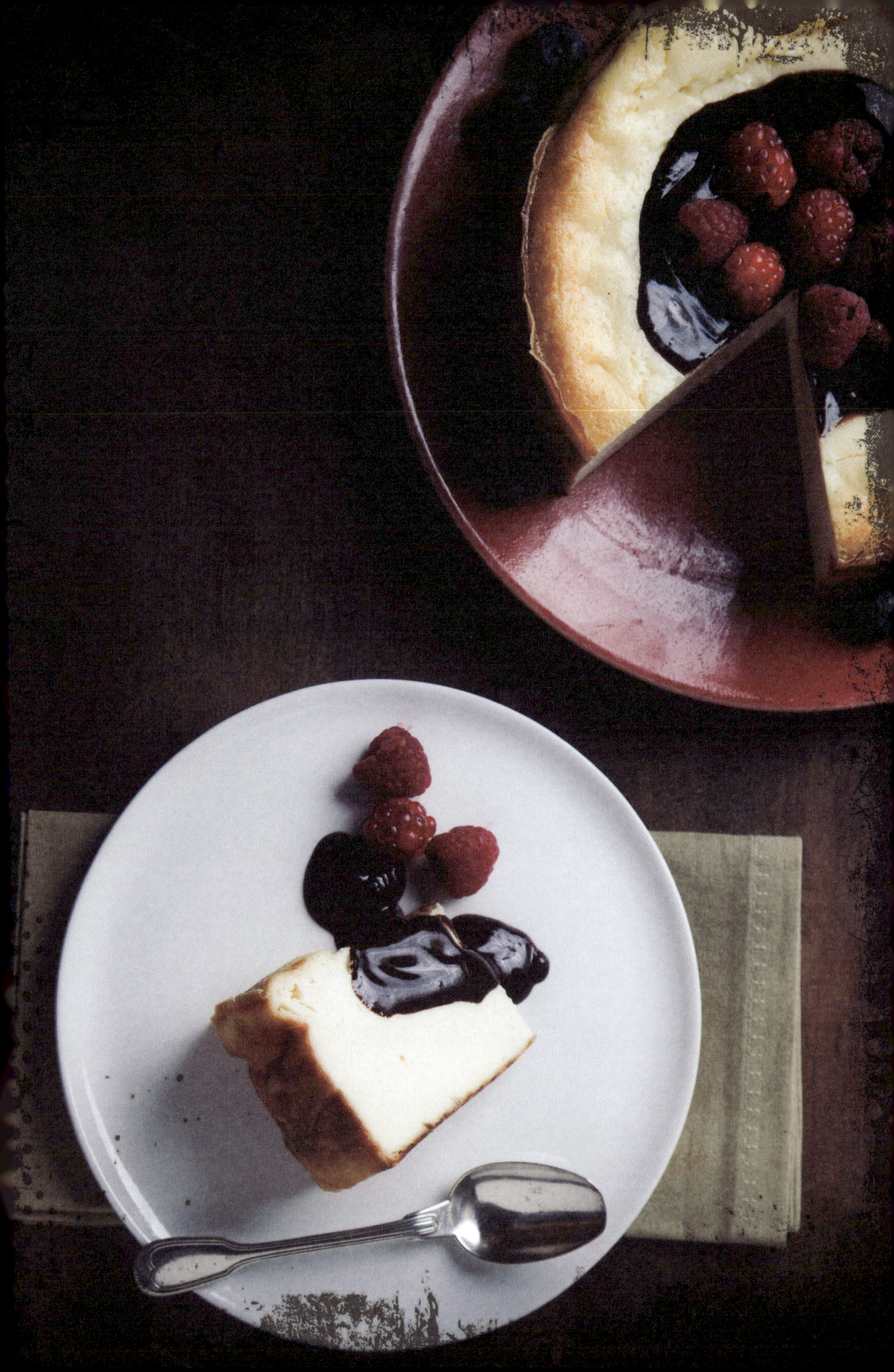

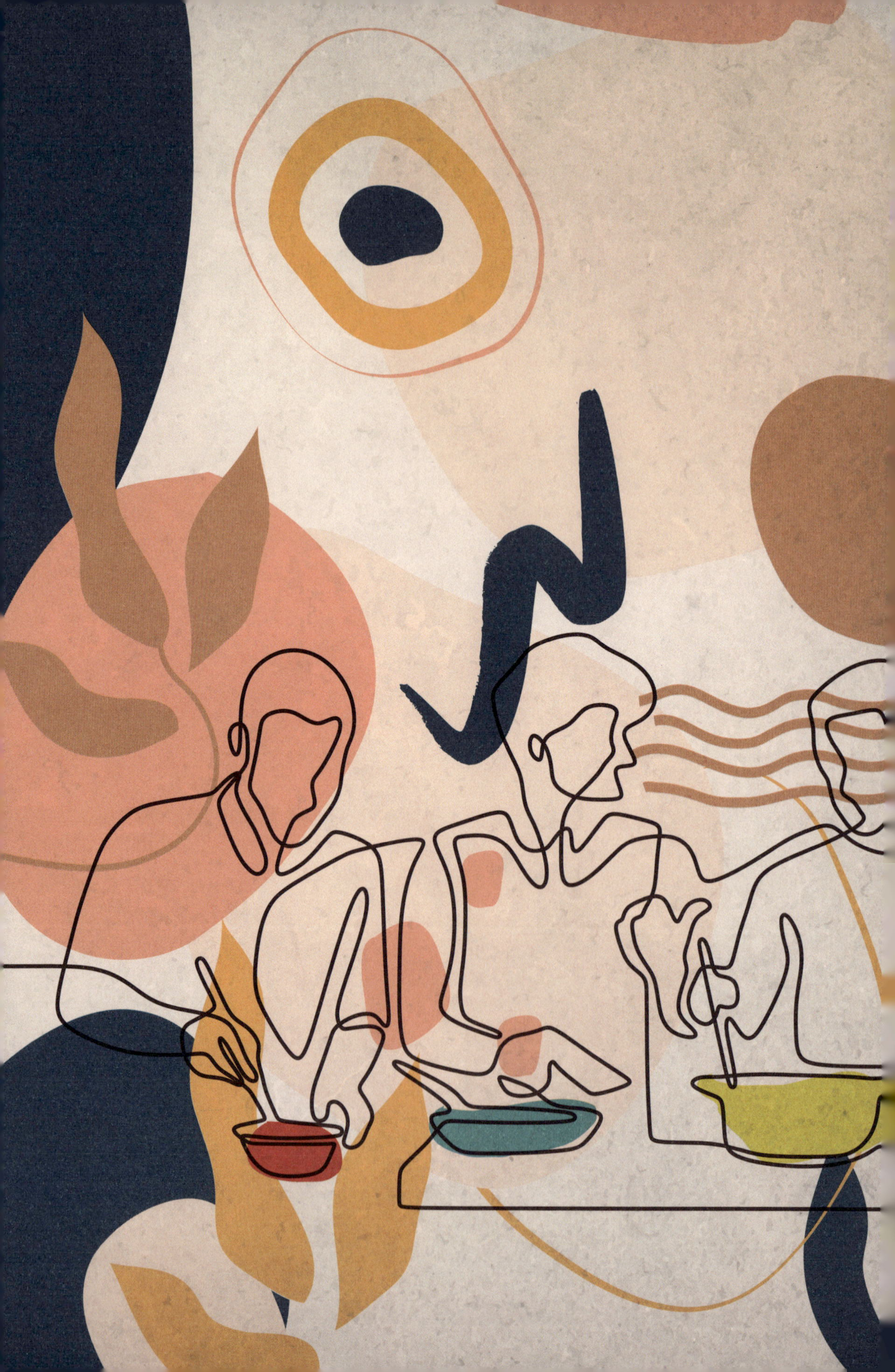

PARA DIVIDIR
com a galera

BRUSCHETTA
de tomate, pasta de azeitona preta e alho

KATIA CARDOSO • RENDIMENTO: 8 UNIDADES

PASTA DE AZEITONA PRETA

1 xícara de azeitona preta sem caroço

3 ramos de tomilho-limão

4 metades de nozes sem a casca

¼ de xícara de azeite

1 colher (sopa) de suco de limão-siciliano coado

TORRADA

3 dentes de alho, sendo 1 dente de alho, sem casca, inteiro e 2 dentes de alho cortados em lâminas

8 fatias de pão italiano

2 tomates italianos, sem sementes, cortados em cubos e bem escorridos

folhas de manjericão a gosto

1. Bata todos os ingredientes da pasta de azeitona preta no processador, ligeiramente, até formar um molho espesso. Retire e reserve.

2. Preaqueça o forno 180 °C.

3. Prepare as torradas, esfregando o dente de alho inteiro nas fatias de pão. Leve as fatias ao forno por 5 minutos apenas para tostá-las ligeiramente. Reserve.

4. Em uma frigideira, toste as lâminas de alho, mexendo sempre, até ficarem douradas. Passe colheradas da pasta de azeitona preta sobre o pão. Arrume os cubos de tomate, o alho tostado e as folhas de manjericão por cima. Se quiser, regue com um fio de azeite antes de servir.

No lugar das lâminas de alho, você pode usar alho torrado e polvilhá-lo sobre a bruschetta antes de servir.

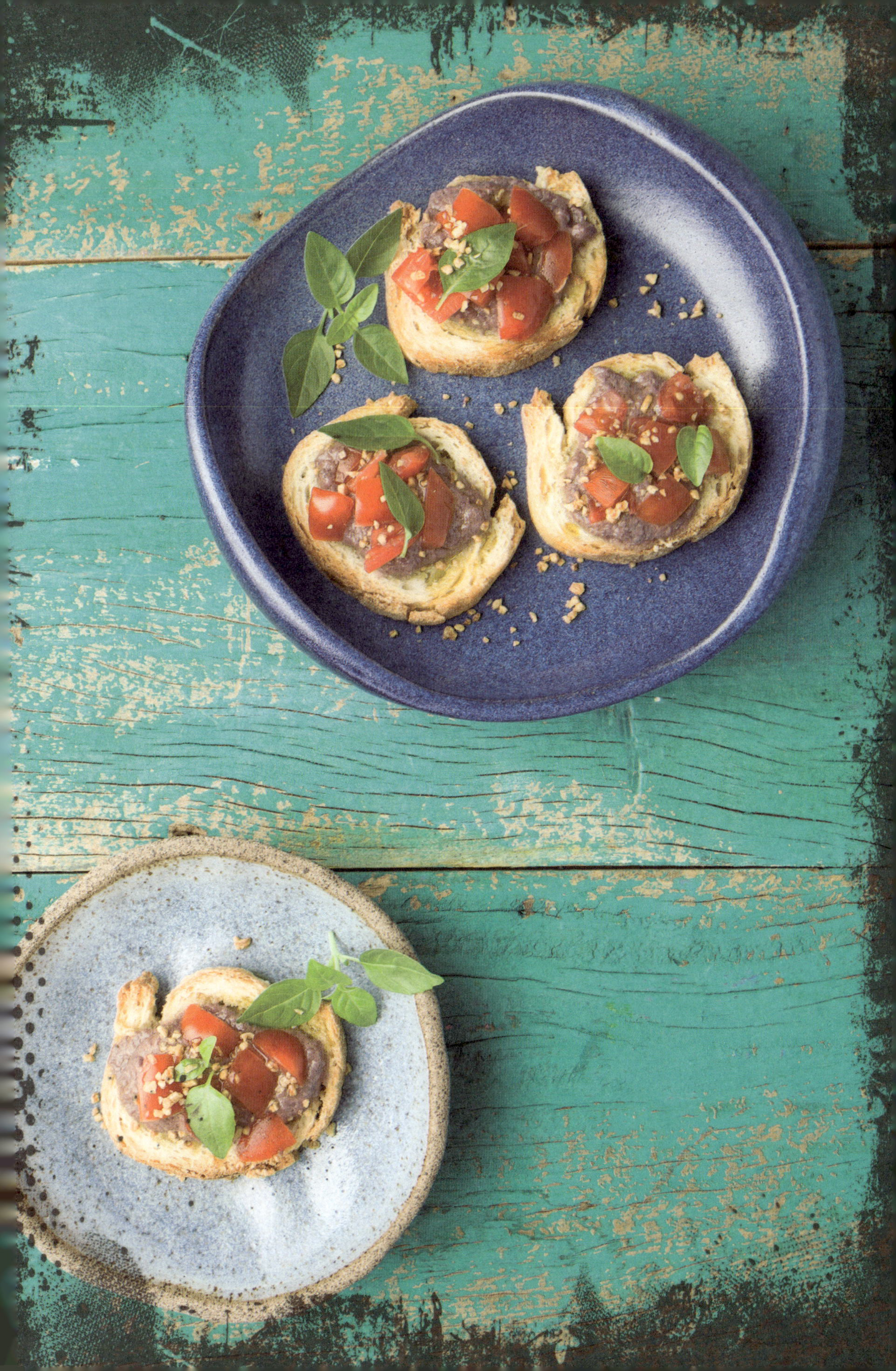

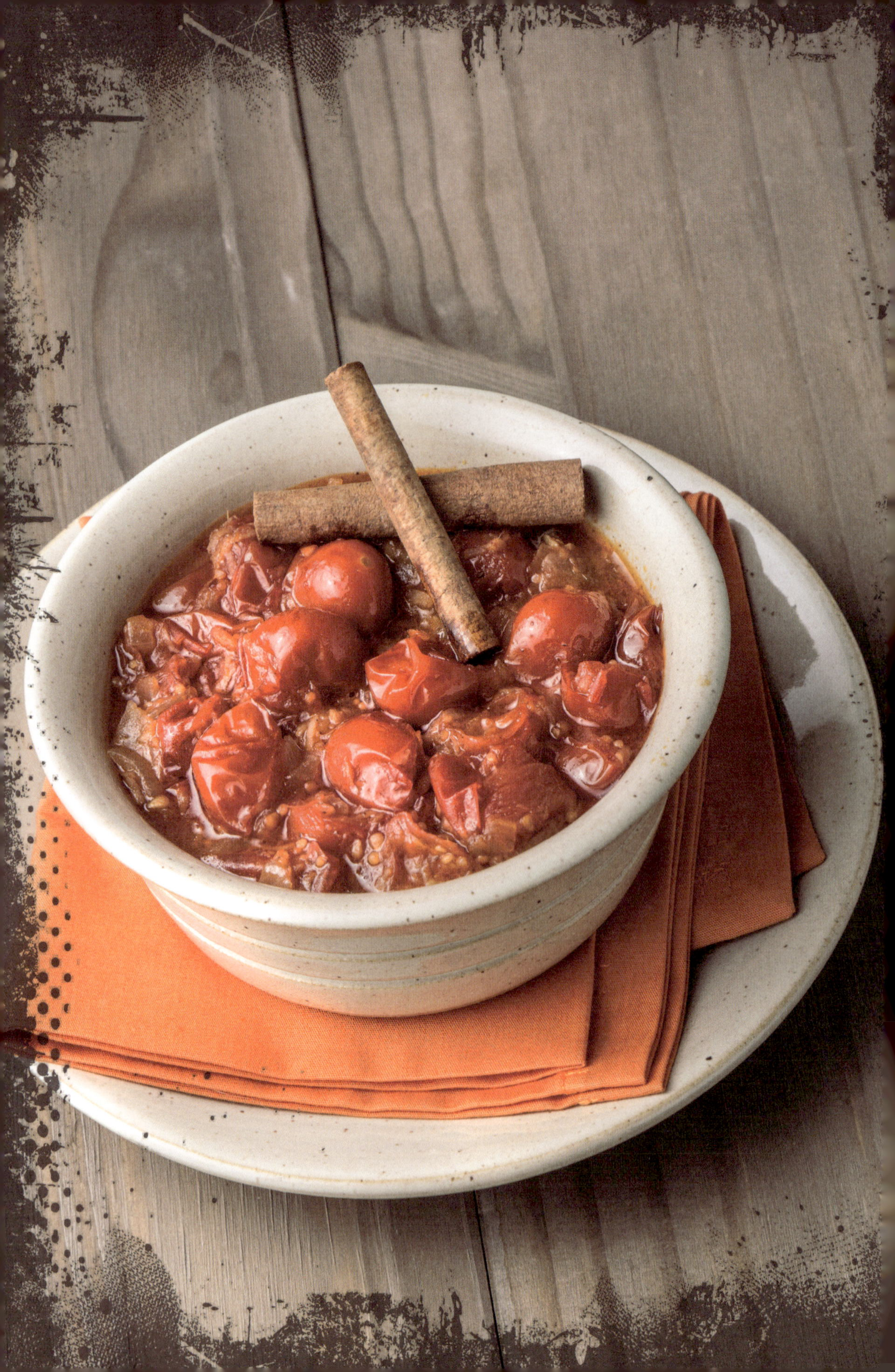

CHUTNEY
picante de tomate-cereja

KATIA CARDOSO • RENDIMENTO: 4 PORÇÕES

- ⅓ de xícara de azeite
- 1 cebola roxa picada
- 2 dentes de alho amassados
- 1 colher (sopa) de gengibre fresco ralado
- duas pitadas de pimenta calabresa
- 10 cravos-da-índia
- 5 canelas em pau
- 300 g de tomate-cereja
- ¼ de xícara de vinagre branco
- 2 colheres (sopa) de açúcar demerara
- sal e mostarda em grãos a gosto
- uma pitada de páprica picante

1. Aqueça um fio de azeite em uma frigideira e refogue rapidamente a cebola e o alho. Junte o gengibre, a pimenta e as especiarias. Deixe por 5 minutos.
2. Acrescente o tomate-cereja cortado ao meio e mexa com cuidado.
3. Adicione o vinagre, o açúcar e o azeite restante. Tempere com o sal, a mostarda e a páprica. Mexa delicadamente e cozinhe por 20 minutos ou até o líquido se reduzir.
4. Sirva com pão ou como molho de massas.

CROQUETE
de palmito

ANDRÉ FRONZA • RENDIMENTO: 10 UNIDADES

- óleo para refogar e fritar
- 2 dentes de alho picados (10 g)
- 2 colheres (sopa) de pimentão picado (20 g)
- 2 xícaras de palmito picado (300 g)
- 1 colher (chá) de sal (5 g)
- pimenta-do-reino a gosto
- ½ xícara de água filtrada, mais um pouco para banhar os croquetes, se necessário
- ⅓ de xícara de farinha de mandioca fina (60 g), mais um pouco para empanar
- ⅓ de xícara de cebolinha picada (35 g)

1. Aqueça o óleo em uma panela, junte o alho e o pimentão e refogue por cerca de 1 minuto.

2. Acrescente o palmito, o sal e a pimenta. Misture bem. Caso esteja usando palmito fresco, adicione ½ xícara de água para cozinhar até ficar macio. Se estiver usando palmito em conserva, não adicione água, só refogue por alguns minutos. Não importa se o palmito é fresco ou não, o refogado não pode ficar muito úmido. Abaixe o fogo e cozinhe por alguns minutos, mexendo de vez em quando, até que seque bem a água.

3. Desligue o fogo e adicione a farinha de mandioca e a cebolinha picada. Misture bem até a massa ficar homogênea e dar liga. Espere amornar.

4. Modele os croquetes do tamanho que preferir. Separe a massa em porções, forme bolinhas com as mãos e role sobre uma superfície plana, para que os croquetes fiquem cilíndricos.

5. Separe dois recipientes, um com água e outro com farinha de mandioca. Mergulhe os croquetes rapidamente na água e passe na farinha de mandioca, cobrindo bem toda a superfície. Repita esse processo com todos os croquetes.

6. Aqueça o óleo e frite por imersão, aos poucos, até os croquetes dourarem e ficarem com uma casquinha crocante. Escorra em papel-toalha e sirva ainda quentes.

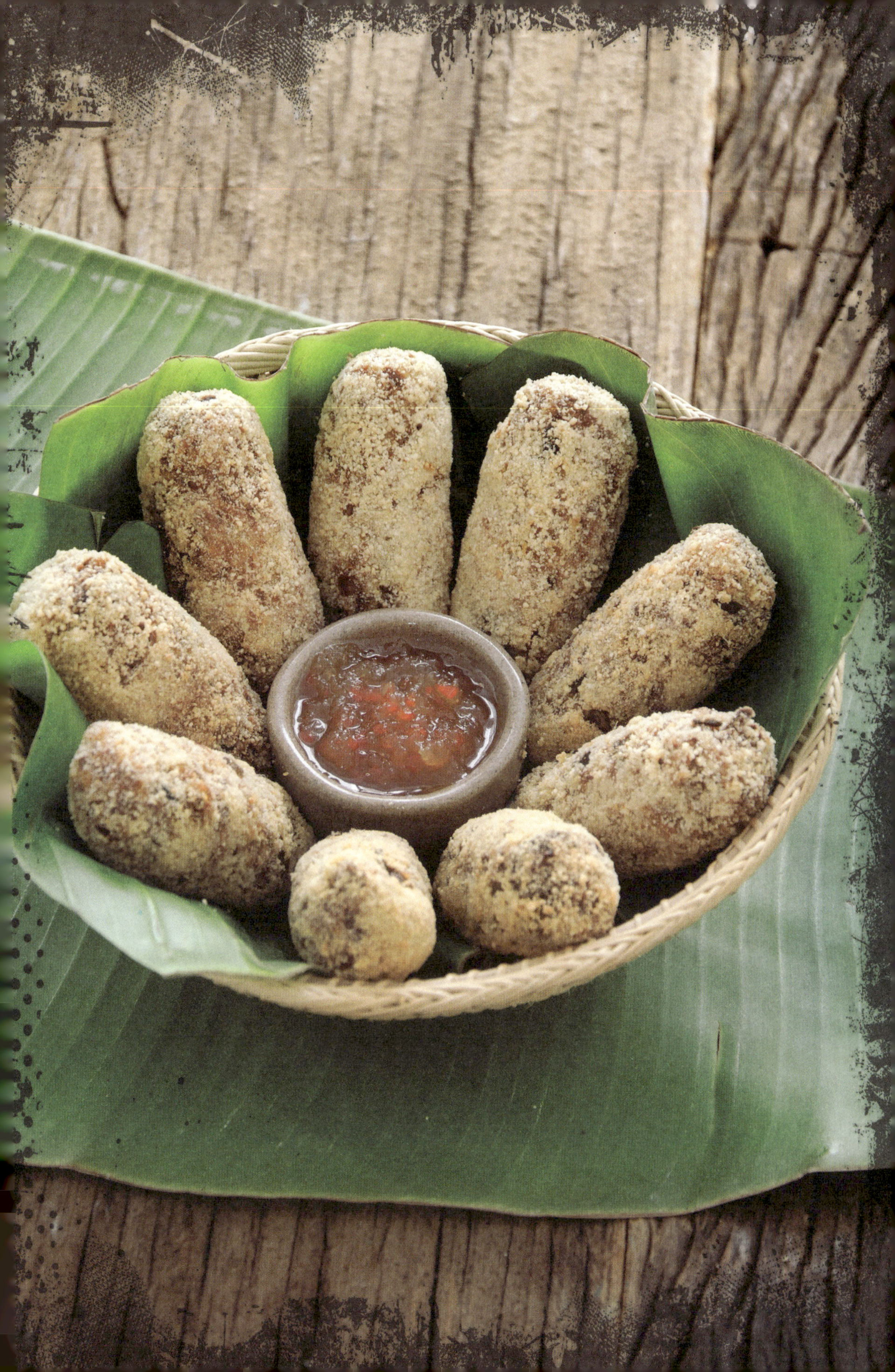

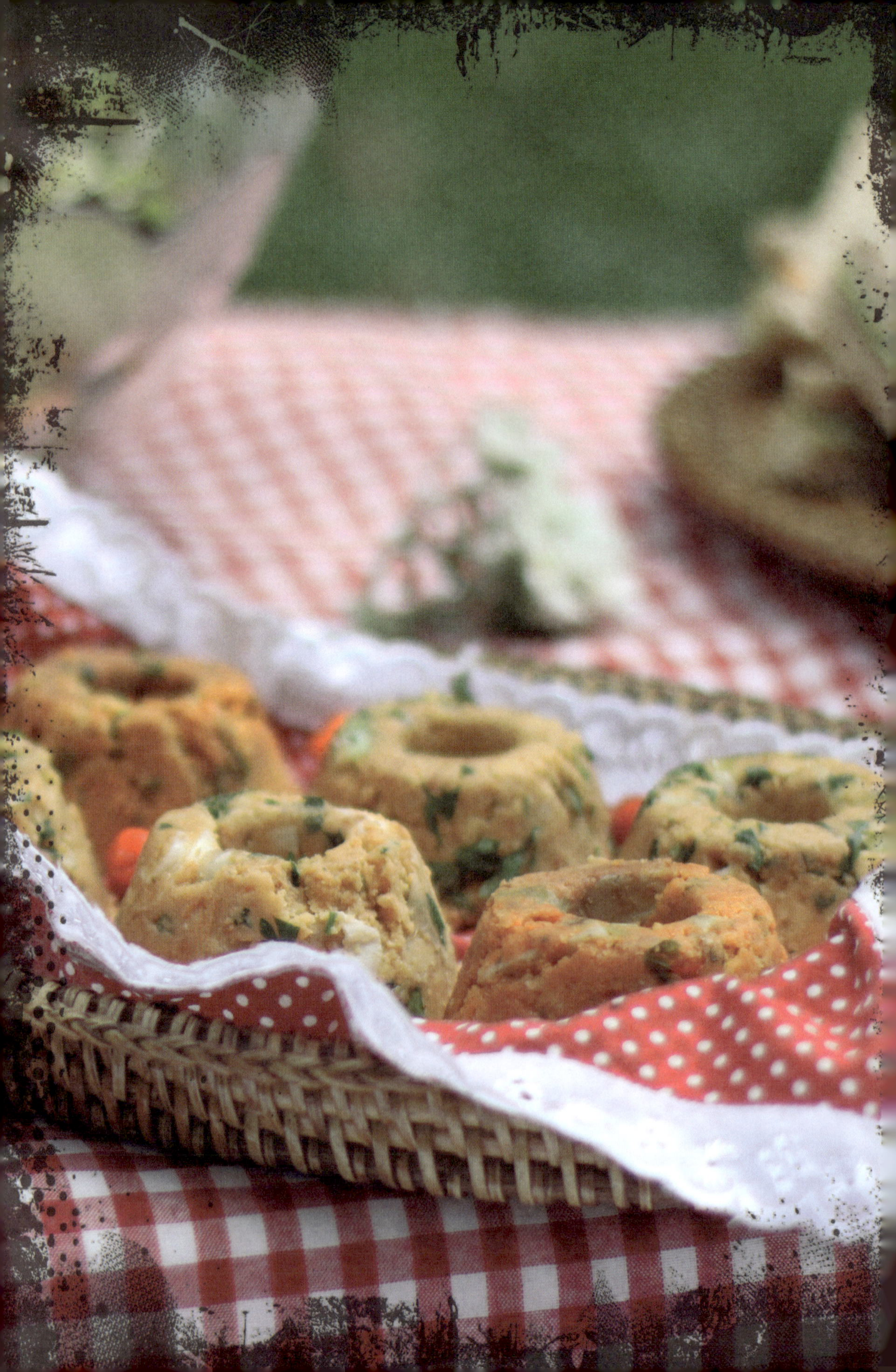

CUSCUZ
de fundo de alcachofra e banana

NATÁLIA WERUTSKY • RENDIMENTO: 6 PORÇÕES

½ xícara de cebola picada	
1 dente de alho, sem casca e sem o germe, amassado	
1 xícara de fundo de alcachofra, cortado em fatias	
2 colheres (sopa) de azeite extravirgem	
1 xícara de banana-nanica, sem casca, cortada em rodelas	
1 colher (chá) de sal marinho	
2½ xícaras de farinha de milho	
2 xícaras de molho de tomate	
1 colher (sopa) de salsinha picada	
2 colheres (sopa) de cebolinha picada	
6 pimentas biquinho	

1. Em uma panela, refogue a cebola, o alho e o fundo de alcachofra no azeite até começarem a ficar ligeiramente dourados.

2. Adicione a banana, tempere com o sal e refogue por 2 minutos. Acrescente a farinha de milho, misture e cozinhe por mais 2 minutos.

3. Coloque o molho de tomate e cozinhe por 5 minutos (se necessário, use mais molho caso fique muito seco, pois a massa precisa ficar ligeiramente úmida). Desligue o fogo e acrescente a salsinha e a cebolinha.

4. Coloque em forminhas pequenas com furo no meio. Desenforme com cuidado e decore com a pimenta biquinho.

PIZZA

BRUNA PAVÃO • RENDIMENTO: 2 PIZZAS DE 15 CM DE DIÂMETRO

MASSA

1 sachê de fermento biológico seco (10 g)

1 xícara de água morna

1 colher (sopa) de açúcar demerara

2 xícaras de farinha de trigo integral

¼ de xícara de azeite

1 xícara de molho de tomate caseiro

RECHEIO

2 colheres (sopa) de azeite

1 berinjela cortada em fatias finas

½ colher (chá) de sal

½ colher (chá) de pimenta-do-reino moída na hora

1 xícara de homus (pasta de grão-de-bico temperada com azeite e sal)

1 xícara de rúcula

2 colheres (sopa) de azeitona preta

2 colheres (sopa) de queijo meia cura ralado

½ xícara de manjericão fresco

MASSA

1. Em um recipiente, misture o fermento com a água e o açúcar demerara. Deixe descansar por 10 minutos.

2. Em outro recipiente, coloque a farinha de trigo integral e junte o fermento e o azeite. Mexa com a ponta dos dedos e amasse até obter uma massa homogênea. Sove-a por cerca de 5 minutos, para que fique macia. Molde em formato de bola e deixe coberta com um pano de prato por cerca de 30 minutos, para que dobre de volume.

3. Preaqueça o forno a 180 °C.

4. Em uma superfície enfarinhada, divida a massa ao meio e abra com um rolo cada uma das partes. Quanto mais você abrir, mais fina ficará a pizza.

5. Em seguida, passe as massas para duas assadeiras redondas, com 15 cm de diâmetro, untadas levemente com azeite. Leve-as para assar por cerca de 10 minutos. Retire do forno, espalhe o molho de tomate sobre elas e leve novamente ao forno por 5 minutos. Retire do forno e reserve enquanto prepara o recheio.

RECHEIO

1. Preaqueça o forno a 200 °C.

2. Em uma frigideira grande, aqueça o azeite e grelhe as fatias de berinjela até ficarem douradas dos dois lados. Tempere com o sal e a pimenta. Desligue o fogo e reserve.

3. Espalhe o homus sobre as pizzas pré-assadas. Em seguida, distribua a berinjela grelhada, a rúcula, a azeitona e o queijo sobre as pizzas. Leve ao forno para gratinar rapidamente.

4. Retire do forno, espalhe o manjericão sobre elas e sirva.

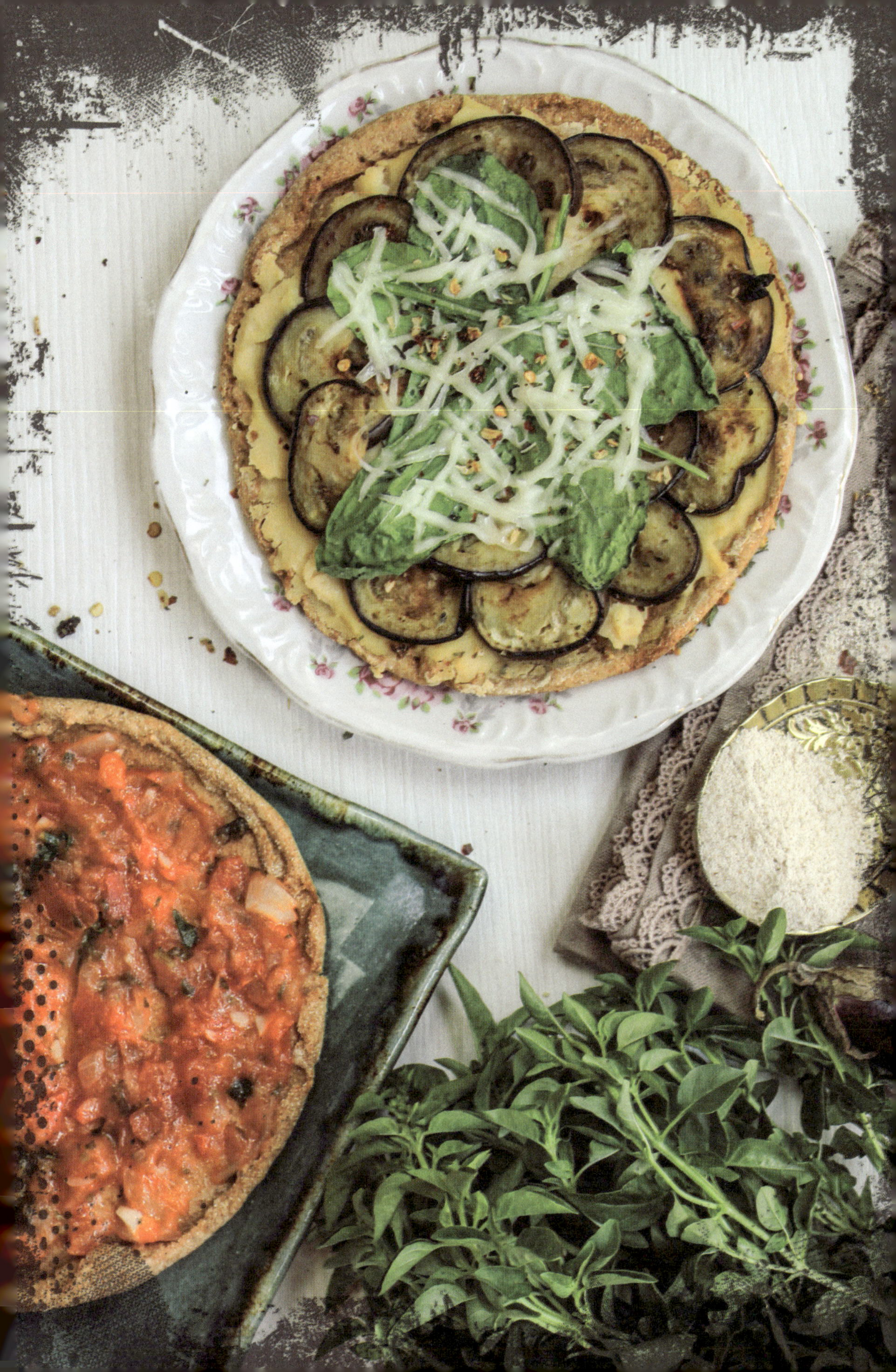

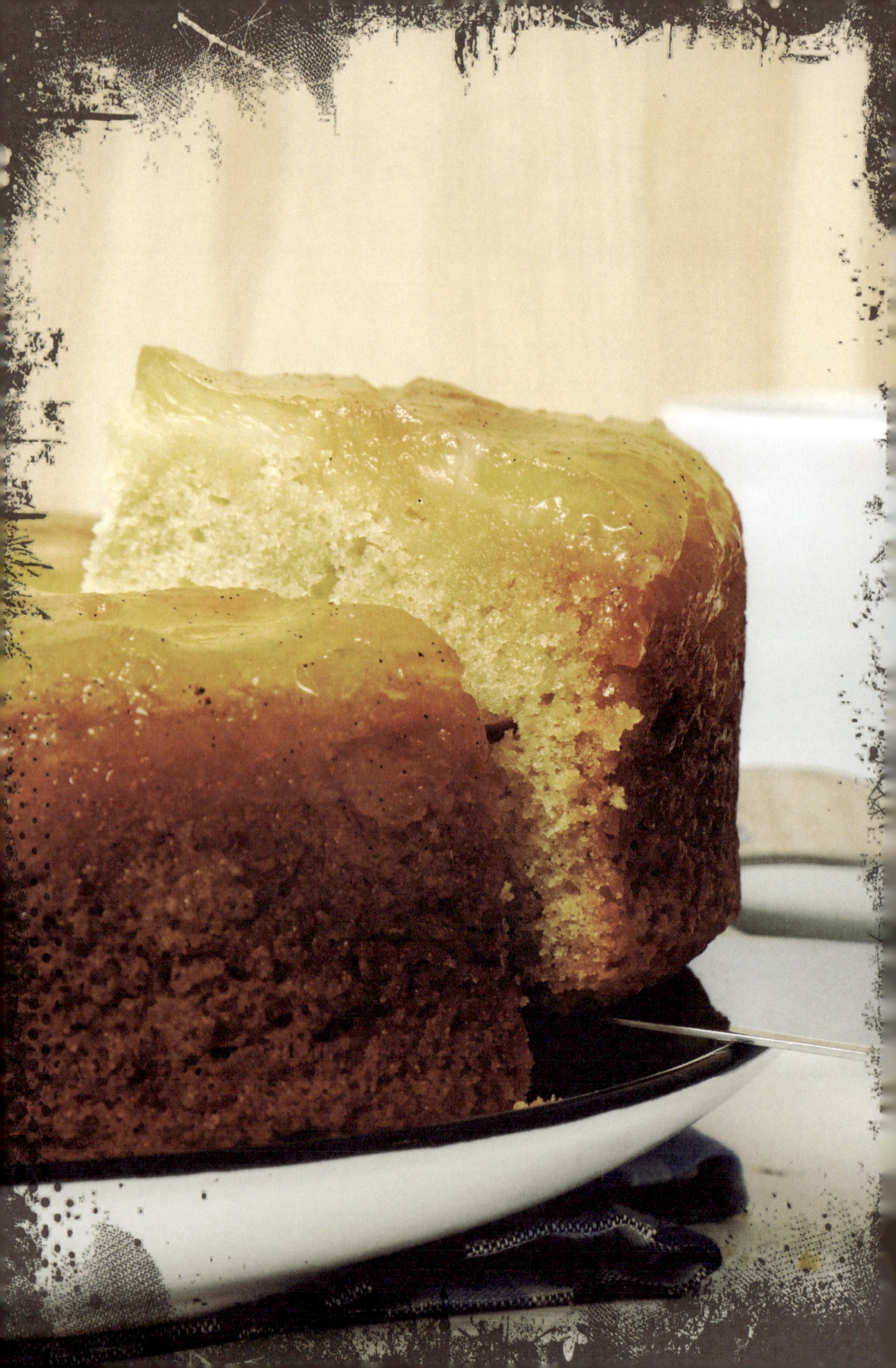

BOLO
de casca de abacaxi

ZENIR DALLA COSTA E CLÁUDIA MORAES • RENDIMENTO: 12 PORÇÕES

- 6 ovos (claras e gemas separadas)
- ⅓ de xícara de óleo de milho (70 ml)
- 1 xícara + 2 colheres (sopa) de suco de abacaxi (270 ml)
- 1¼ xícara de açúcar (250 g)
- 2½ xícaras de farinha de trigo (300 g)
- 1 colher (sopa) de fermento químico em pó (15 g)

1. Preaqueça o forno a 180 °C.
2. Coloque na tigela da batedeira as gemas, o óleo e o suco de abacaxi e bata até dobrar de volume. Desligue e deixe a tigela reservada.
3. Em outra tigela, bata as claras em neve, adicionando o açúcar aos poucos, até obter picos firmes.
4. Coloque uma colherada da farinha de trigo na tigela com o composto de gemas e misture com uma espátula ou um fouet (batedor de metal). A seguir, coloque uma colherada de claras em neve e misture de novo. Repita o procedimento, alternando os ingredientes, até incorporar tudo. Por último, junte o fermento peneirado e misture bem.
5. Despeje a massa em uma fôrma de furo no meio, untada com manteiga e polvilhada com farinha de trigo. Leve ao forno e asse por cerca de 35 minutos.

Aproveite a casca do abacaxi para fazer suco e usar nesta receita: coloque a casca de 2 abacaxis em uma panela, cubra com 2 litros de água e leve ao fogo até ferver. Deixe por 10 minutos, depois coe e guarde em uma garrafa com tampa. Conserve na geladeira.

BOLINHO
de estudante

TEREZA PAIM • RENDIMENTO: 10 PORÇÕES

- ½ xícara de leite (100 ml)
- ¼ de xícara de leite de coco (50 ml)
- 150 g de tapioca quebrada
- 100 g de coco seco limpo e ralado fino
- ½ colher (chá) de sal (3 g)
- ½ xícara de açúcar (90 g)
- óleo para fritar por imersão
- açúcar e canela em pó a gosto para finalizar

1. Em uma tigela, misture bem todos os ingredientes da massa e deixe descansar por 20 minutos.
2. Em uma panela ou frigideira funda, aqueça o óleo a 90 °C.
3. Enrole pedaços da massa, formando bolinhos, e frite-os submersos no óleo quente.
4. Retire os bolinhos da panela e deixe escorrer sobre um papel-toalha para retirar o excesso de óleo.
5. Em seguida, passe os bolinhos na mistura de açúcar com canela em pó para finalizar.
6. Sirva os bolinhos quentes (bem crocantes) ou frios (mais macios).

Para saber se o óleo está quente o suficiente para fritar, coloque um palito de fósforo dentro: quando ele acender, significa que o óleo está no ponto. Você pode enrolar os bolinhos e congelá-los para fritar depois; basta tirar do congelador e deixar na geladeira por 4 horas antes da fritura. Outra opção é colocar a massa em uma assadeira, levar para gelar e depois cortar em quadradinhos antes de fritar. Também é possível rechear os bolinhos com pedaços de queijo coalho. Fica uma delícia!

O bolinho de estudante é um quitute frito da culinária afro-brasileira muito comum nos tabuleiros das baianas, que os vendem nas ruas de Salvador. É conhecido desde o tempo das negras de ganho, as escravas alforriadas que iam às ruas vender quitutes para tirar seu sustento. Como sempre foi barato, ficou conhecido como bolinho de estudante, mas antigamente era chamado de "bimbinha de ioiô", por ser adorado pelos ioiôs (meninos) da casa-grande.

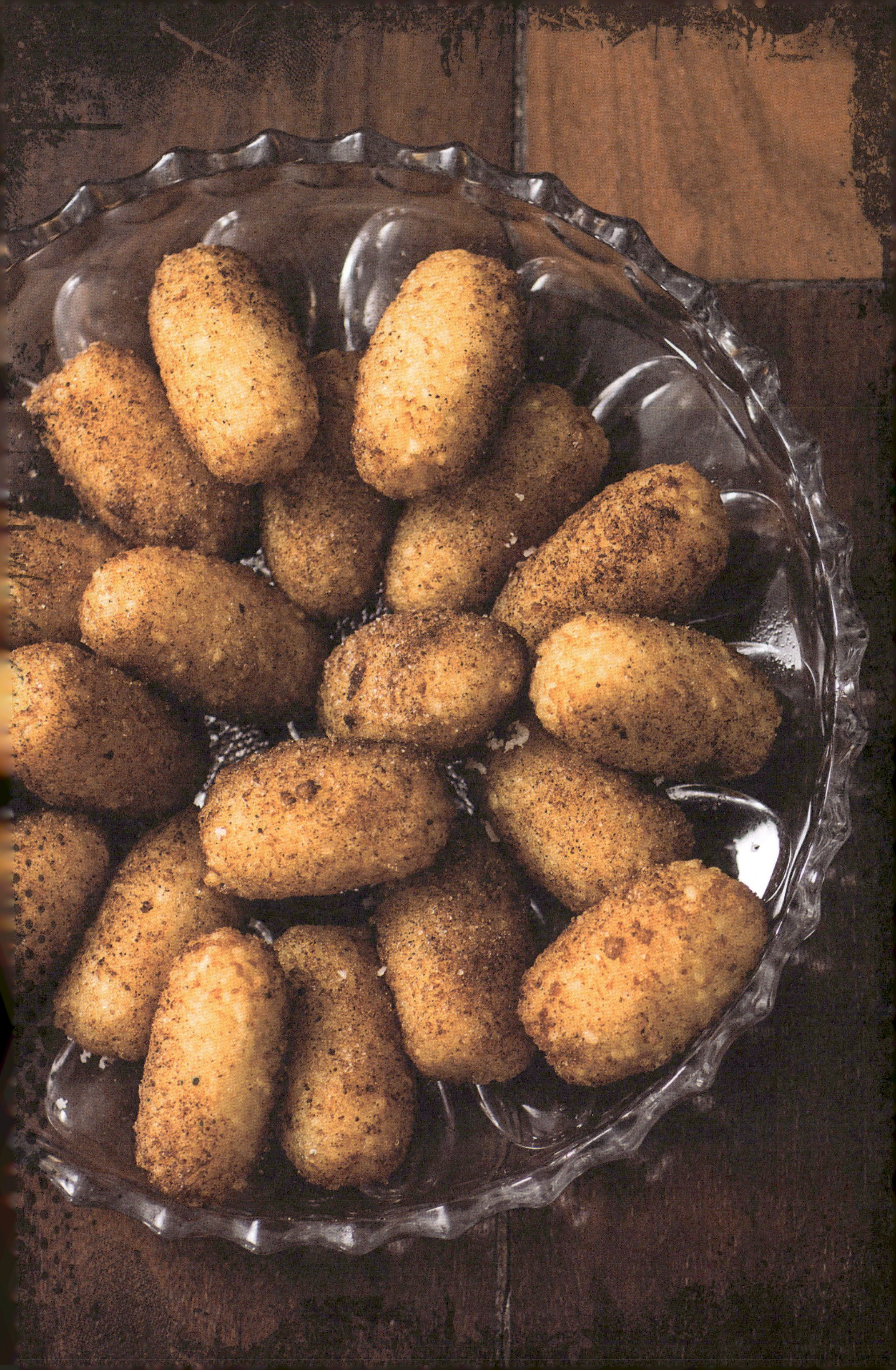

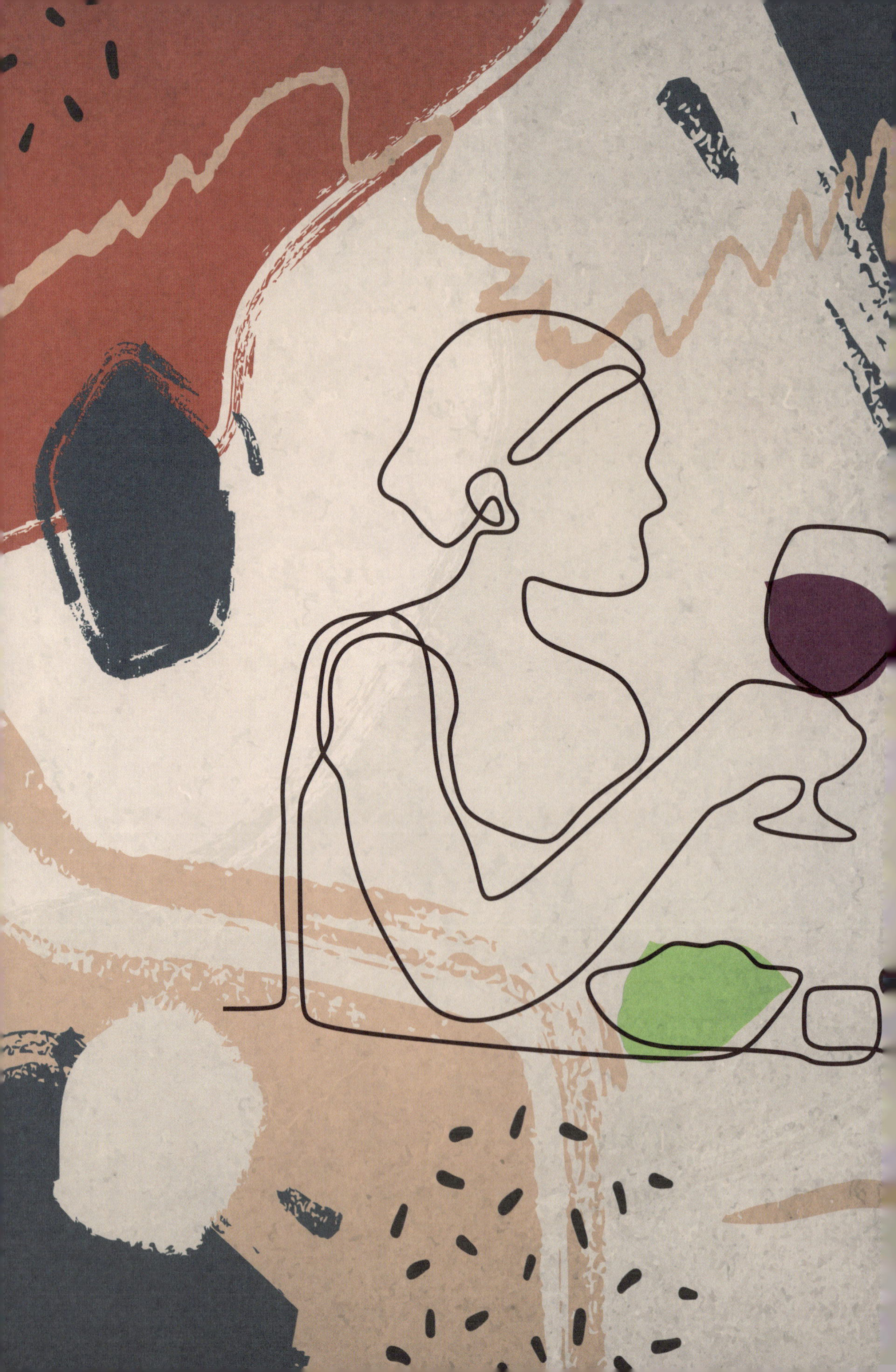

COMER E
comemorar

ANTEPASTO
de cogumelo

GIL GONDIM • RENDIMENTO: 8 PORÇÕES

- 3 cebolas
- 4 pimentões sem pele e sem sementes
- 1 kg de cogumelo (cogumelo-de--paris, shiitake ou shimeji)
- 6 tomates débora ou italiano sem pele e sem sementes
- azeite de oliva a gosto
- 200 g de azeitona verde picada
- sal a gosto
- salsinha, cebolinha e orégano fresco a gosto

1. Corte as cebolas, os pimentões, os cogumelos e os tomates em tiras finas.

2. Em uma panela grande, refogue a cebola em um pouco de azeite até dourar e acrescente o pimentão. Adicione o cogumelo, o tomate e a azeitona. Tempere a gosto e deixe em fogo brando por aproximadamente 25 minutos ou até secar a água do cogumelo. Reserve até esfriar.

3. Cubra com azeite e tempere com sal, salsinha, cebolinha e orégano. Transfira para um pote de vidro com tampa. Deixe nessa marinada por até 10 dias antes de servir.

Quando se fala em cogumelos, a primeira lembrança é o champignon utilizado em receitas de estrogonofe. Porém, esses fungos comestíveis vão além do cogumelo-de-paris (outro nome para o champignon): shiitake, shimeji, portobello, castanho, porcini e hiratake são as espécies mals comuns, que dão origem a pratos magníficos. Esta receita pode ser servida com polenta de corte fria ou torradas.

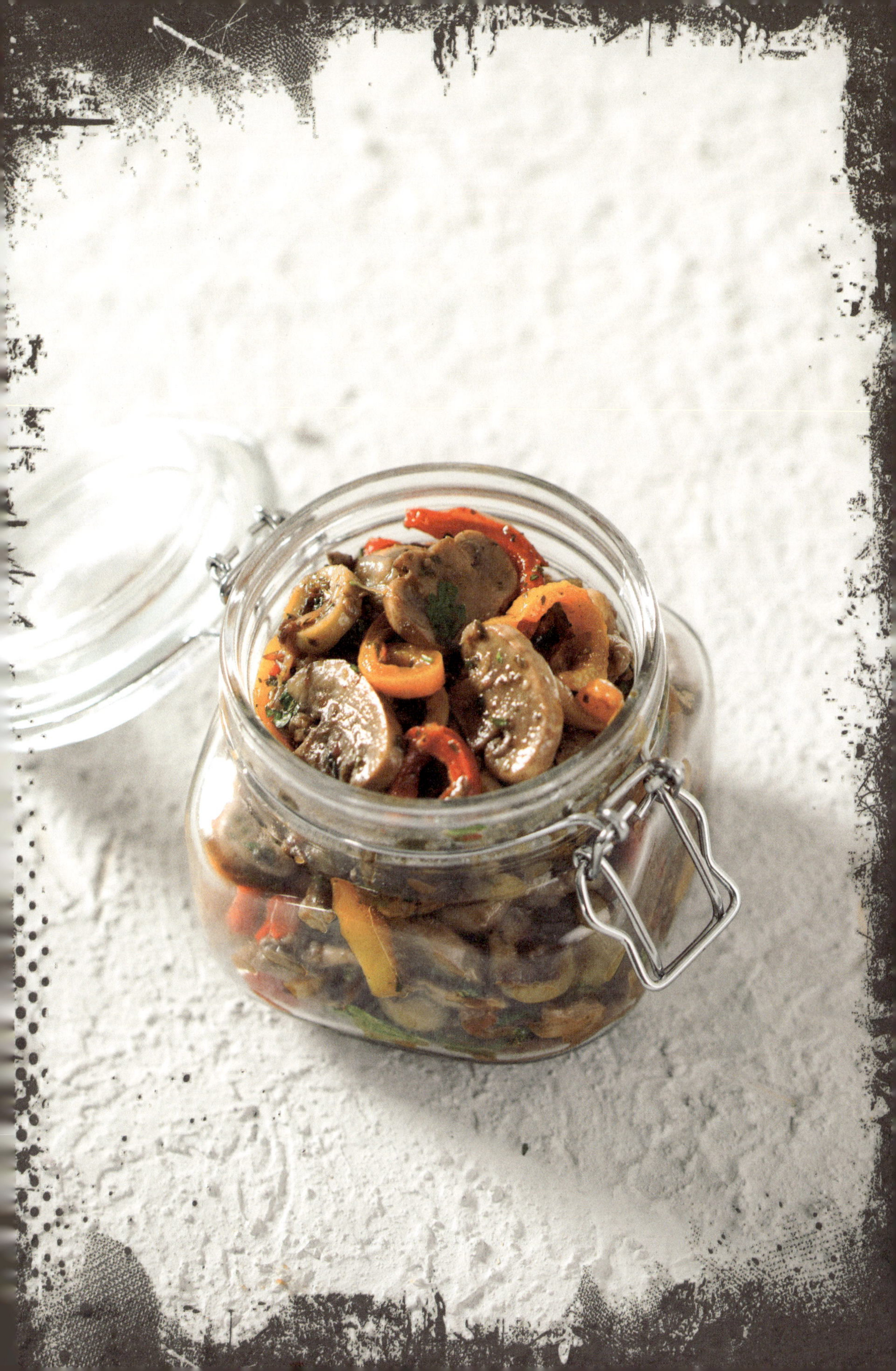

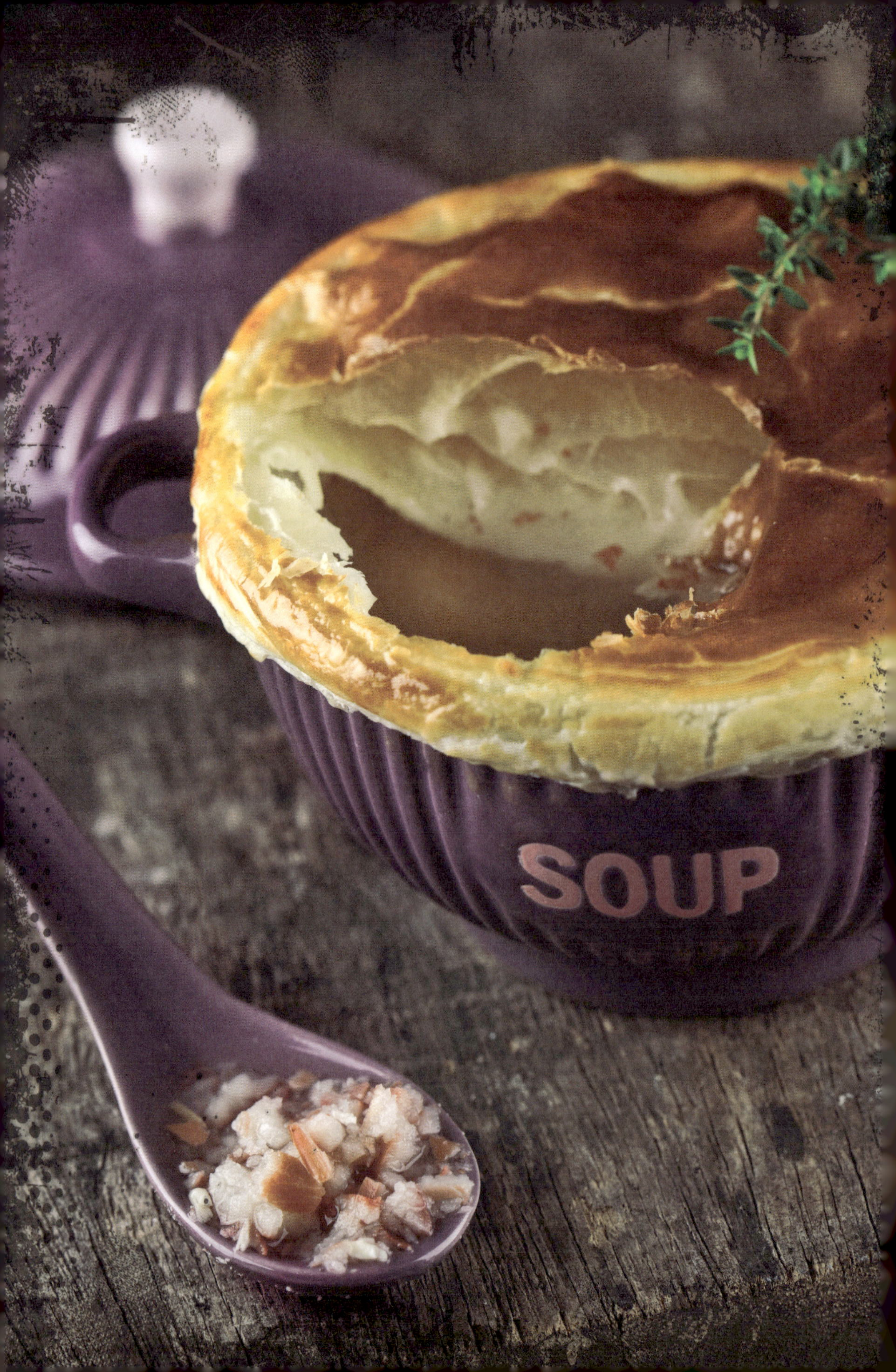
SOUP

SOPA
de pinhão em crosta de massa folhada

MÔNICA RANGEL • RENDIMENTO: 4 PORÇÕES

SOPA DE PINHÃO

1 colher (sopa) de manteiga sem sal (15 g)
15 g de cebola picada
5 g de alho picado
160 g de pinhão cozido sem casca picado
3⅓ xícaras do caldo de cozimento dos pinhões (800 ml)
sal a gosto
1 pimenta dedo-de-moça sem sementes picada
1 ramo de tomilho fresco picado

CROSTA DE MASSA FOLHADA

200 g de massa folhada pronta
1 ovo batido
50 g de queijo parmesão ralado

1. Preaqueça o forno a 180 °C.

2. Para fazer a sopa de pinhão, derreta a manteiga em uma panela e doure a cebola e o alho. Junte o pinhão picado e o caldo. Tempere com sal e pimenta e deixe ferver por 10 minutos em fogo baixo. Finalize com o tomilho picado. Despeje a sopa até a metade em xícaras ou pequenas cumbucas e reserve.

3. Abra a massa folhada, corte-a em círculos do diâmetro das xícaras ou cumbucas que estiver utilizando e pincele com ovo batido. Cubra a xícara com a massa, deixando o lado pincelado para baixo. Pincele o outro lado da massa com mais ovo batido e polvilhe a superfície com o queijo parmesão ralado.

4. Leve ao forno por 15 minutos, ou até que a crosta de massa folhada esteja bem dourada. Sirva em seguida.

SALADA
de manga apimentada

DALTON RANGEL • RENDIMENTO: 6 PORÇÕES

½ cebola roxa cortada em fatias bem finas

2 mangas palmer maduras sem casca, cortadas em fatias finas

½ pimenta dedo-de-moça sem sementes, cortada em fatias bem finas

suco de ½ limão-taiti

1 colher (sopa) de shoyu (molho de soja)

½ xícara de castanha-de-caju picada grosseiramente

folhas de coentro a gosto

sal a gosto

---

1. Coloque a cebola em uma tigela com água filtrada e gelo. Deixe descansar por 20 minutos nessa água bem gelada para suavizar o ardor e tirar o excesso de acidez. Retire da água e escorra bem.

2. Transfira a cebola para uma tigela e junte a manga e a pimenta. Regue com o suco de limão e o shoyu. Misture com cuidado para não desmanchar as fatias de manga.

3. Polvilhe a castanha por cima, espalhe as folhas de coentro e tempere com sal. Deixe descansar por 15 minutos na geladeira antes de servir.

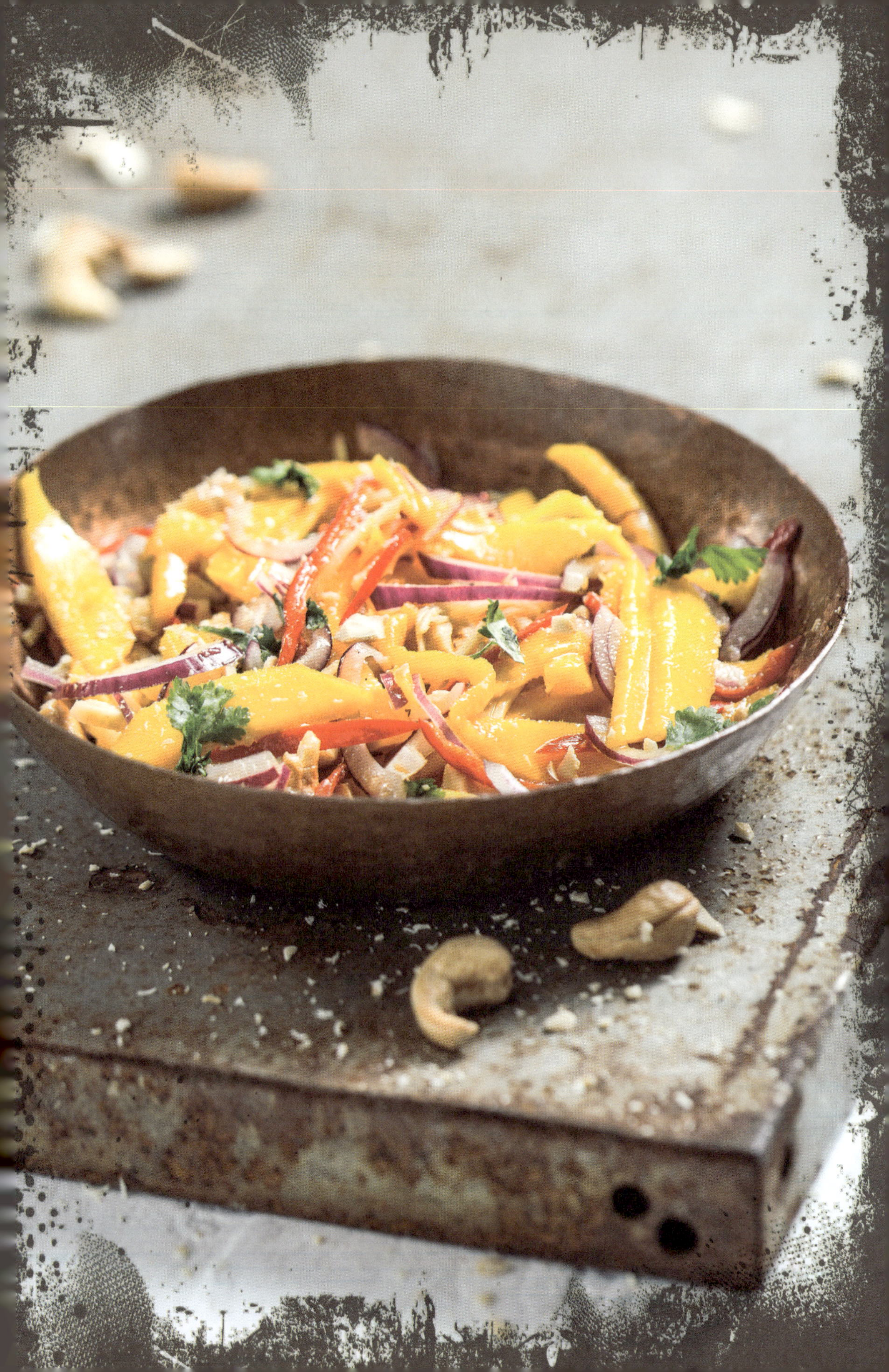

ESTROGONOFE

GABI MAHAMUD • RENDIMENTO: 4 PORÇÕES

2 dentes de alho
3 tomates italianos
½ xícara de talos de brócolis
½ xícara de cogumelos
½ xícara de mix de castanhas
1 xícara de creme de castanha-de--caju (receita na dica)
2 colheres (sopa) de azeite
¼ de xícara de vinagre branco
2 colheres (sopa) de açúcar mascavo
½ colher (chá) de noz-moscada em pó
½ colher (chá) de orégano seco
uma pitada de páprica defumada
uma pitada de canela em pó
1 cravo-da-índia
1 folha de louro
½ xícara de água filtrada
sal a gosto

1. Antes de começar, deixe tudo preparadinho: descasque e triture o alho, corte os tomates em cubinhos, pique os talos de brócolis em pedaços menores, fatie os cogumelos e quebre ligeiramente as castanhas. Prepare o creme de castanha-de-caju e deixe os demais ingredientes separados.

2. Em uma panela grande, coloque o azeite e refogue o alho. Acrescente os tomates e deixe murchar bem. Adicione o vinagre, o açúcar mascavo e os temperos e deixe apurar bem, até que seque quase todo o líquido.

3. Coloque os talos de brócolis, os cogumelos, as castanhas e a água e deixe ferver. Quando a água estiver quase terminando de secar, verifique se os talos estão cozidos – se não estiverem, acrescente um pouco mais de água e deixe chegar ao ponto. Por fim, junte o creme de castanha-de-caju, misture bem e deixe aquecer para pegar o sabor. Acerte o sal e sirva o estrogonofe quentinho.

Para preparar o creme de castanha-de-caju, deixe 1 xícara de castanha-de-caju crua de molho por pelo menos 8 horas. Escorra, descarte a água do demolho e lave bem. Depois, bata no liquidificador com 1 xícara de leite vegetal por mais ou menos 2 minutos, até ficar cremoso. Junte 100 g de tofu e bata bem até ficar bem homogêneo e com uma textura aveludada. É um ótimo substituto para o creme de leite.

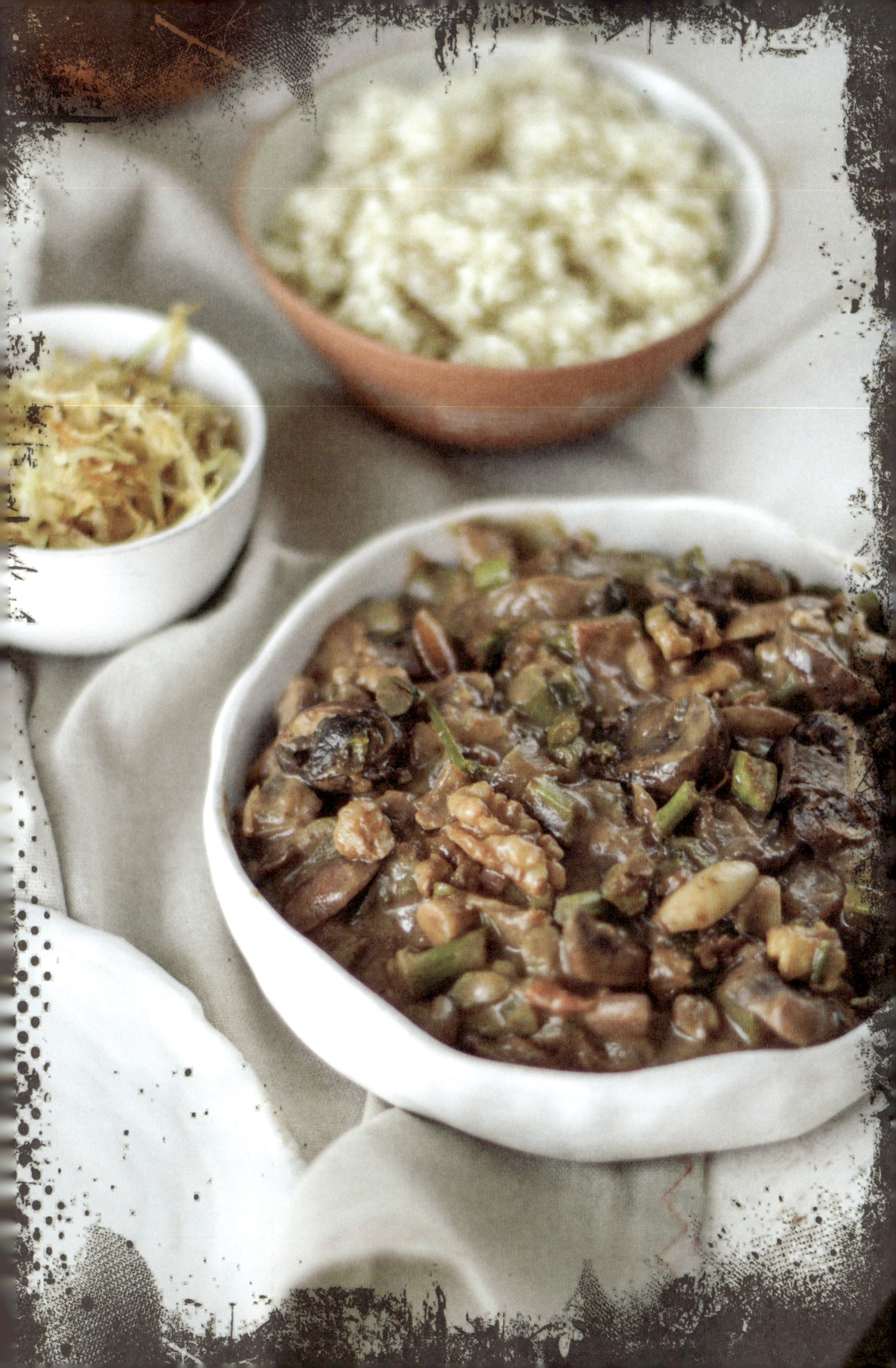

ABÓBORA PAULISTA
recheada com lentilha na laranja e pimentões

JULIA GUEDES • RENDIMENTO: 4 PORÇÕES

2 abóboras paulistas inteiras
2 colheres (sopa) de azeite, mais um pouco para pincelar
sal a gosto
1 cebola picada
2 dentes de alho picados
1 xícara de pimentões variados sem sementes cortados em cubinhos
1 xícara de lentilha cozida
½ xícara de suco de laranja
1 colher (chá) de cúrcuma
pimenta-do-reino moída e noz-moscada em pó a gosto
parmesão vegano a gosto

1. Preaqueça o forno a 180 °C.
2. Corte as abóboras no meio no sentido do comprimento, mantendo a casca e as sementes. Pincele um pouco de azeite, tempere com uma pitada de sal e transfira-as para uma assadeira. Cubra com papel-alumínio e asse por 30 minutos, até a polpa ficar cozida.
3. Enquanto isso, em uma panela em fogo médio, doure a cebola e o alho com 2 colheres de azeite. Adicione o pimentão e cozinhe por 5 minutos. Em seguida, acrescente a lentilha, o suco de laranja e a cúrcuma. Tempere com sal, pimenta e noz-moscada a gosto. Mexa até adquirir uma consistência cremosa. Reserve.
4. Retire a abóbora do forno, mas mantenha-o ligado. Descarte as sementes. Com uma colher, separe um pouco da polpa, mas não toda, e misture com o refogado de lentilha. Recheie as abóboras com a mistura de lentilha na laranja. Polvilhe com um pouco de parmesão vegano e leve ao forno novamente por cerca de 15 minutos ou até ficarem douradinhas e tostar o queijo.

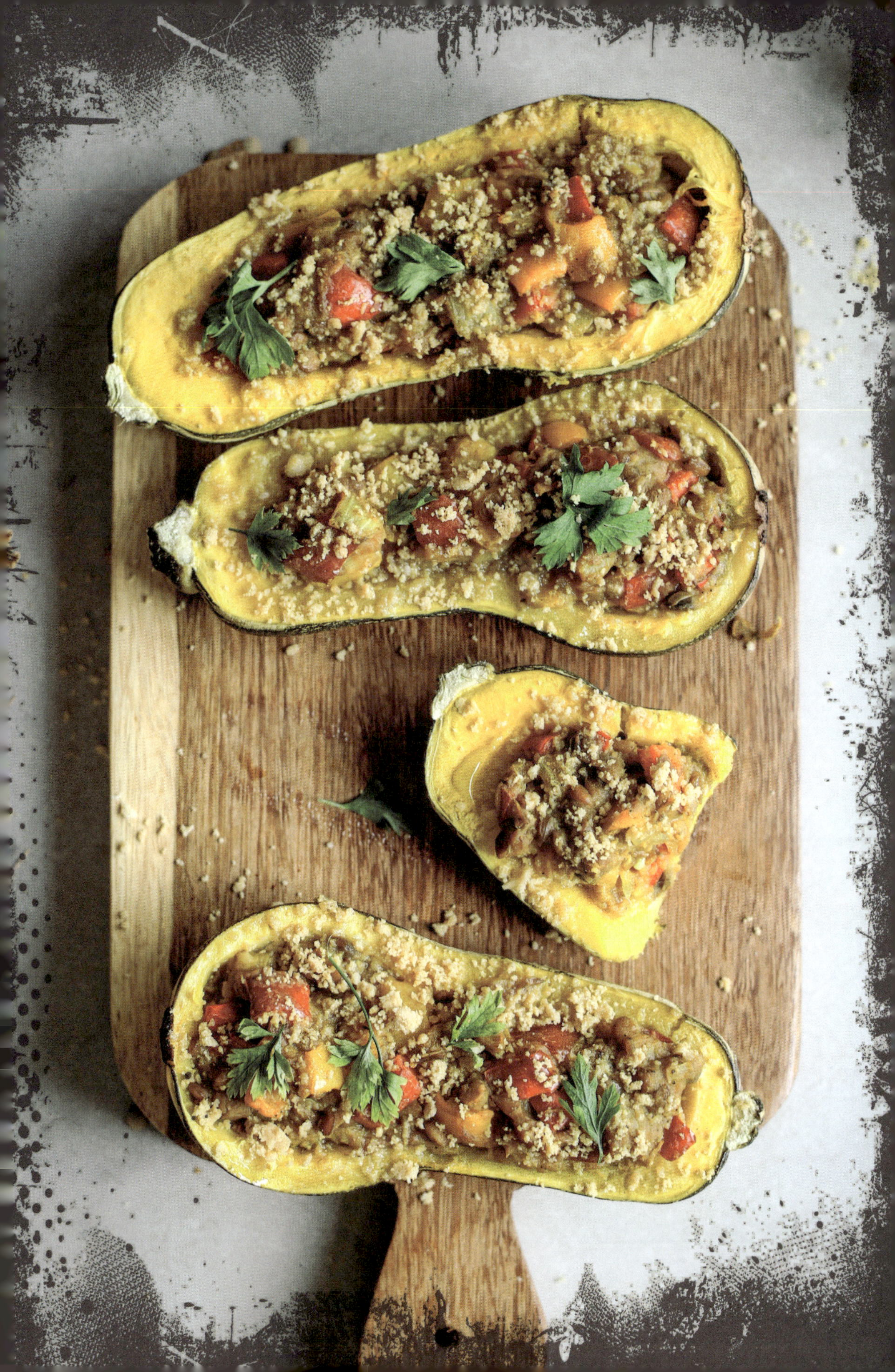

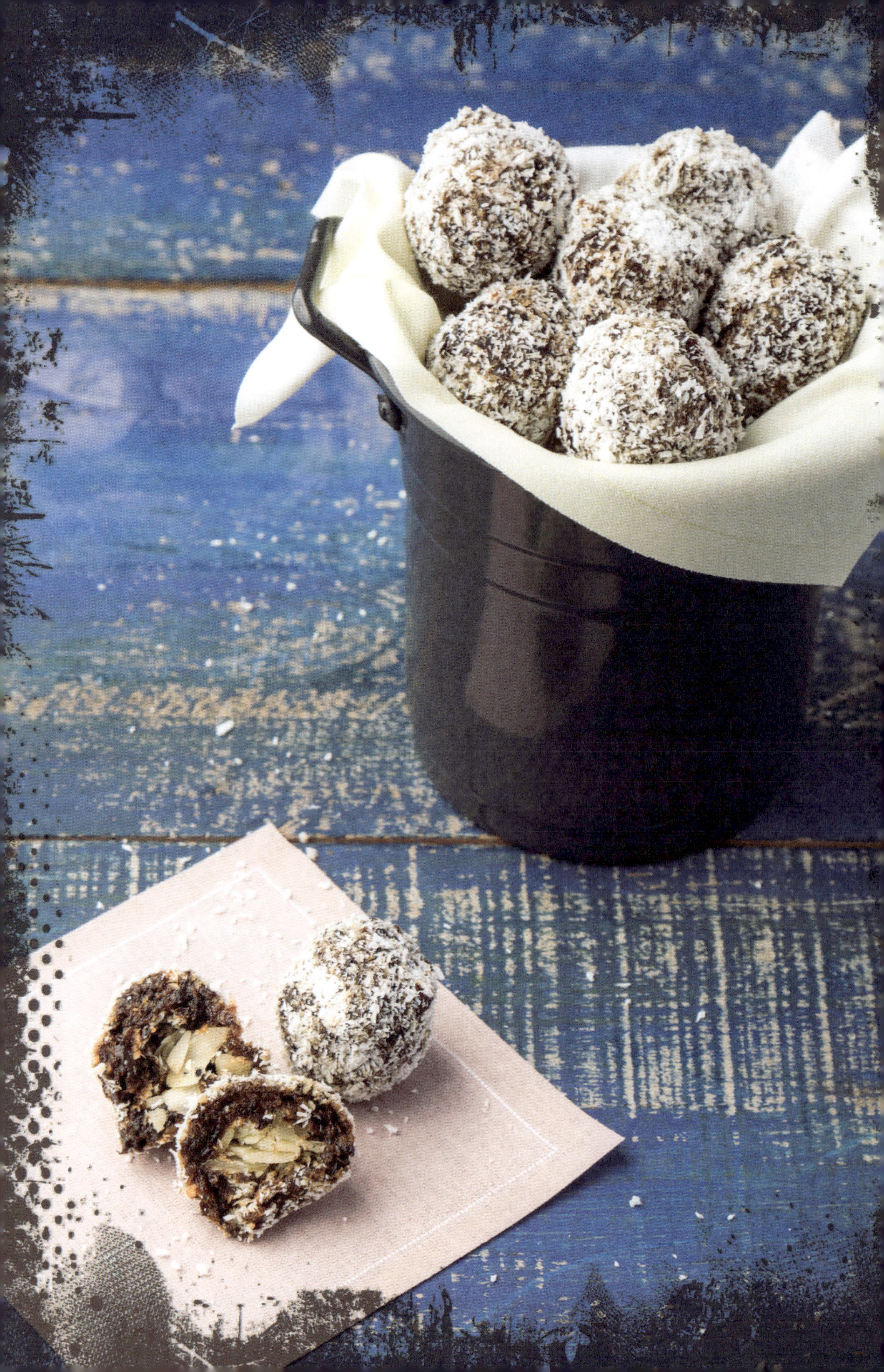

DOCINHO
de ameixa e coco

KATIA CARDOSO • RENDIMENTO: 12 UNIDADES

1 xícara de ameixa-preta sem caroço
½ xícara de figo seco
½ xícara de coco fresco ralado
lascas de amêndoas a gosto

1. No processador, bata a ameixa, o figo e o coco ralado (reserve um pouco para decorar) até obter uma massa homogênea.
2. Modele bolinhas e coloque algumas lascas de amêndoas dentro delas. Passe as bolinhas pelo coco reservado e deixe na geladeira até o momento de servir.

PUDIM DE TAPIOCA
com calda de espumante e especiarias

TEREZA PAIM • RENDIMENTO: 8 PORÇÕES

PUDIM

- 70 g de farinha de tapioca
- 450 ml de leite morno, quase frio
- 3 ovos inteiros
- 3 gemas
- 200 ml de leite de coco
- 120 g de coco fresco ralado fino
- 325 g de leite condensado
- 15 g de manteiga derretida, mais um pouco para untar
- açúcar para polvilhar

CALDA

- 750 ml de espumante
- 300 g de açúcar
- 30 g de pimenta dedo-de-moça inteira
- 2 cravos-da-índia
- 1 canela em pau
- 4 cardamomos
- 2 grãos de pimenta-da-jamaica inteiros
- 6 grãos de pimenta-do-reino branca inteiros
- 6 grãos de pimenta-do-reino preta
- 6 grãos de pimenta-rosa
- 2 pimentas-doces cortadas ao meio
- 30 g de gengibre fresco cortado em lascas

PUDIM

1. Em uma tigela, hidrate a tapioca com o leite morno e deixe descansar por 1 hora.
2. Em outra tigela, emulsione os ovos e as gemas com a ajuda de um fouet (batedor de metal). Mexa vigorosamente por 5 minutos, sem bater, e em seguida adicione a tapioca hidratada e os demais ingredientes. Misture bem.
3. Unte as cumbucas com um pouco de manteiga e polvilhe açúcar por cima.
4. Despeje a massa do pudim nas cumbucas e coloque-as dentro de uma assadeira com um pouco de água, para fazer um banho-maria. Tampe a assadeira.
5. Leve ao forno para assar a 200 °C, tampado, até que os pudins estejam cozidos e corados. (Para testar, enfie um palito no pudim: se o palito sair seco é porque está pronto.)
6. Desligue o forno e sirva os pudins ainda quentes nas próprias cumbucas com a calda à parte.

CALDA

1. Em uma panela, coloque todos os ingredientes e leve ao fogo alto, mexendo bem até ferver.
2. Quando a calda reduzir à metade, desligue o fogo e coe. Espere a calda esfriar e sirva com o pudim ainda quente.

Se você só tiver coco desidratado, hidrate-o com água de coco antes de usar. Prefira as farinhas de tapioca quebradas em vez das de bolinhas, pois seu pudim terá uma consistência melhor. Se guardar o pudim na geladeira, esquente no micro-ondas por 30 segundos antes de servir.

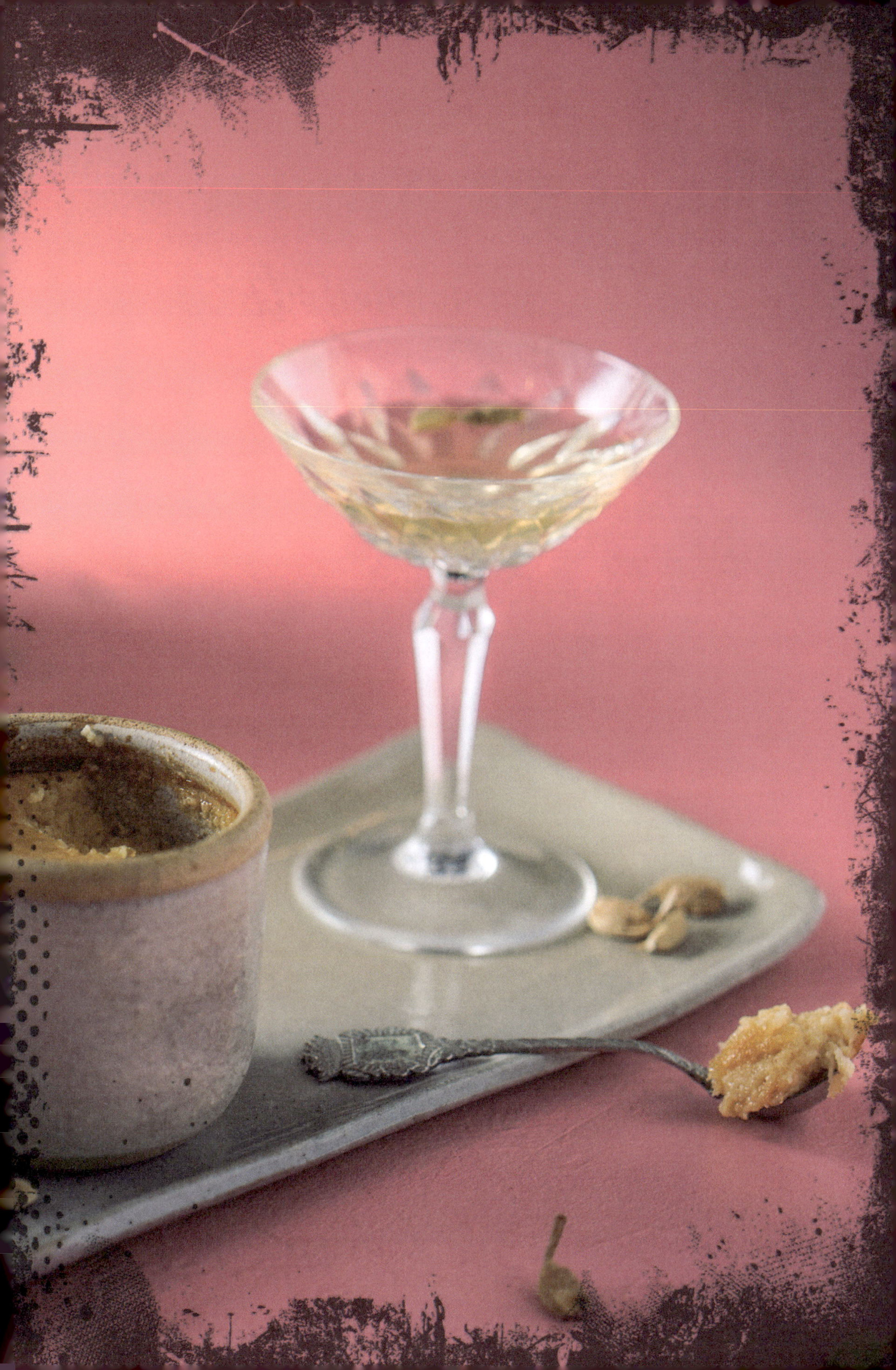

TORTA
de chocolate

GABI MAHAMUD • RENDIMENTO: 12 PORÇÕES

1½ xícara de grão-de-bico cozido

1 xícara de maçã sem cabo e sem sementes, picadinha

½ xícara de melado de cana

½ xícara de cacau em pó

1 colher (sopa) de café solúvel (opcional)

1 colher (chá) de fermento químico em pó

1 colher (chá) de extrato de baunilha

uma pitada de sal

¼ de xícara de óleo de coco ou manteiga de cacau

⅓ de xícara de chocolate amargo picado (90 g)

1. Preaqueça o forno a 180 °C. Unte com óleo uma fôrma de fundo removível com 20 cm de diâmetro, forre o fundo com papel-manteiga e pincele com óleo.

2. Em um processador ou liquidificador, coloque o grão-de-bico, a maçã, o melado, o cacau, o café, o fermento, o extrato de baunilha, o sal e o óleo de coco ou a manteiga de cacau derretidos. Bata até obter um creme homogêneo.

3. Coloque o chocolate em um refratário encaixado em uma panela com água fervente e mexa até derreter (se preciso, leve o conjunto ao fogo baixo e tome cuidado para a água não encostar no fundo da tigela). Junte o chocolate derretido ao creme de grão-de-bico e misture bem para incorporar.

4. Despeje a massa na fôrma preparada e alise a superfície com uma espátula. Não tem problema se a torta ficar úmida no centro ou se as bordas ficarem mais altas do que o meio.

5. Leve ao forno e asse por 30 minutos, até a superfície parecer seca; então, cubra com papel-alumínio e asse por mais 20 a 30 minutos. Espere esfriar completamente antes de desenformar.

Nesta receita, não é possível usar outro tipo de gordura no lugar do óleo de coco ou da manteiga de cacau, porque eles se solidificam quando em temperatura ambiente e fria; então, é imprescindível usar um ingrediente com essa textura para dar estrutura à torta.

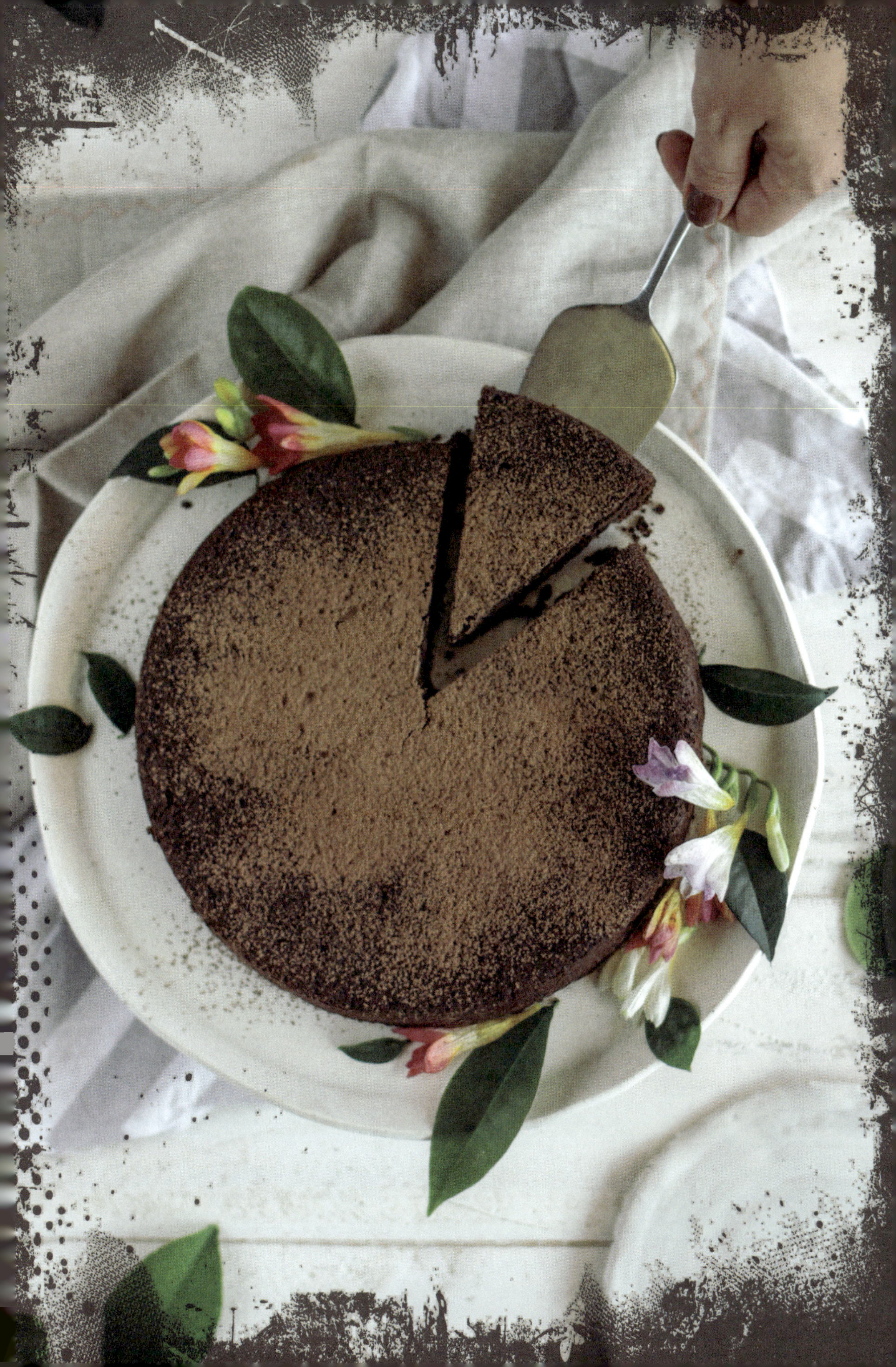

RECEITAS
superproteicas

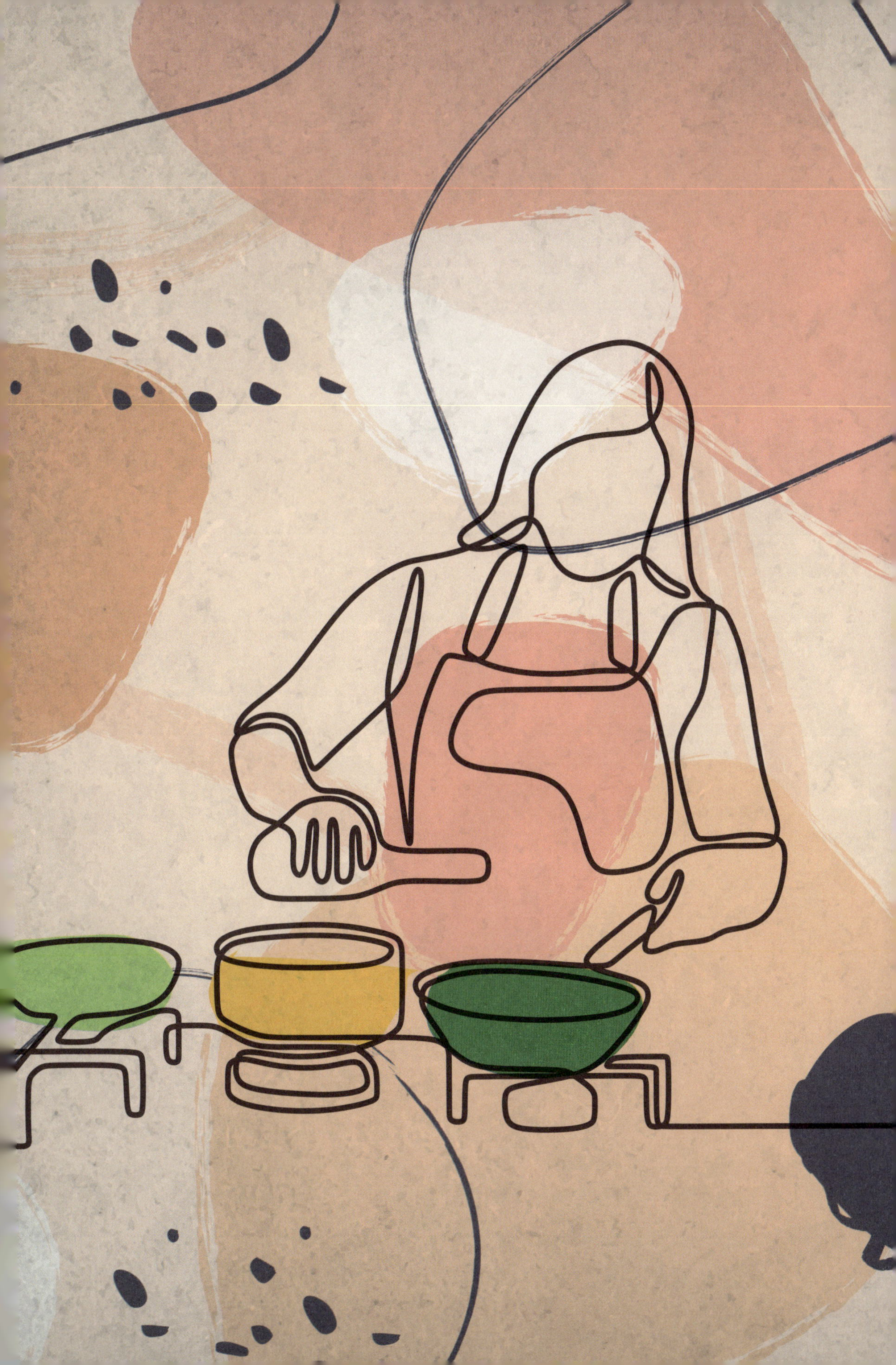

MUFFIN
proteico

JULIA GUEDES • RENDIMENTO: 10 UNIDADES

1 cebola picada
2 dentes de alho
3 colheres (sopa) de azeite, mais um pouco para refogar e untar
½ abobrinha picada
2 tomates sem sementes picados
300 g de tofu
3 colheres (sopa) de farinha de grão-de-bico
2 colheres (sopa) de levedura nutricional
1 colher (chá) de açafrão em pó
½ xícara de água
sal e pimenta-do-reino moída a gosto
2 colheres (chá) de fermento químico em pó

1. Preaqueça o forno a 180 °C.
2. Em uma frigideira em fogo médio, refogue a cebola e o alho em um pouco de azeite. Depois, adicione a abobrinha e deixe cozinhar por alguns minutos. Então, adicione os tomates e mexa. Reserve.
3. Em um processador, bata o tofu com a farinha de grão-de-bico, a levedura nutricional, o açafrão em pó, as 3 colheres (sopa) de azeite, a água, o sal e a pimenta até obter uma massa homogênea.
4. Adicione o refogado de abobrinha à massa e, por último, o fermento. Mexa com uma espátula para que tudo fique bem incorporado.
5. Coloque a massa em forminhas untadas com um pouco de azeite e asse por aproximadamente 35 minutos.

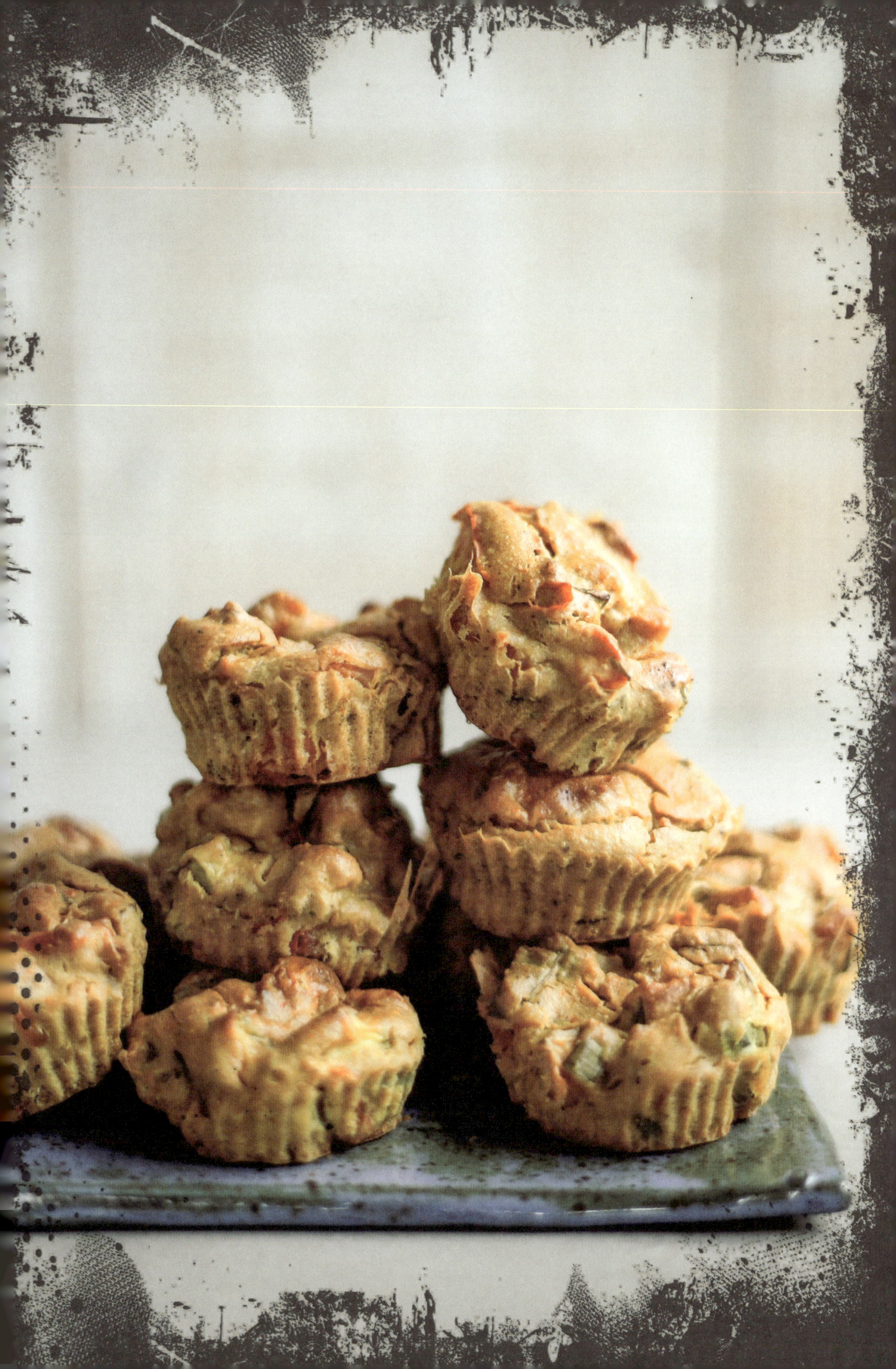

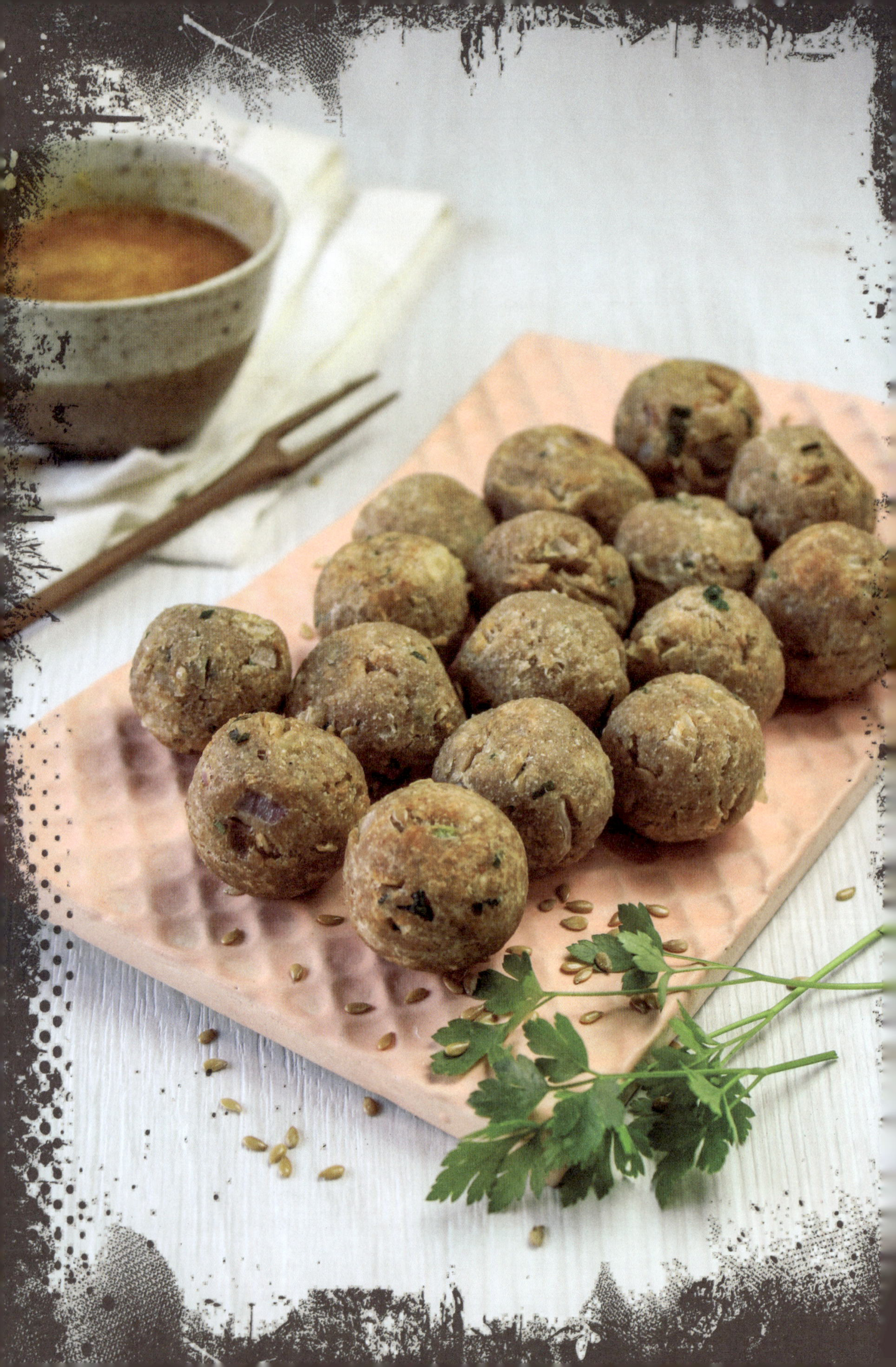

BOLINHOS
de feijão-branco

BRUNA PAVÃO • RENDIMENTO: 6 PORÇÕES

2 xícaras de feijão-branco cozido e amassado

½ cebola roxa picada

1 dente de alho picado

½ xícara de salsinha picada

½ xícara de farinha de arroz integral

½ xícara de farinha de linhaça dourada

1 limão espremido

2 colheres (sopa) de azeite

1 colher (chá) de sal

1 colher (chá) de pimenta-do-reino moída

1. Preaqueça o forno a 180 °C.
2. Em um recipiente, misture com as mãos todos os ingredientes até obter uma massa homogênea. Se ela estiver muito úmida, ficará mole e difícil de moldar os bolinhos, então, adicione um pouco mais de farinha de arroz. Se estiver muito seca e quebradiça, acrescente um pouco mais de azeite.
3. Em seguida, modele os bolinhos com cerca de 2 cm de diâmetro e disponha em uma assadeira levemente untada com azeite.
4. Leve ao forno e asse durante 20 minutos ou até estarem dourados. Sirva quente ou em temperatura ambiente.

Experimente servir os bolinhos com pastinhas e salada. Você pode congelar porções de 4 bolinhos. Para descongelar, retire do freezer e aguarde cerca de 20 minutos. Em seguida, leve ao forno preaquecido a 180 °C por aproximadamente 10 minutos.

HAMBÚRGUER
de falafel

ANDRÉ FRONZA • RENDIMENTO: 5 UNIDADES

- 1 xícara de grão-de-bico cru (190 g)
- 3 xícaras de água filtrada para demolhar
- 2 colheres (sopa) de azeite de oliva
- 1 colher (sopa) de suco de limão
- 1 dente de alho (3 g)
- ½ xícara de salsinha fresca picada
- 1 colher (chá) de sal (5 g)
- ½ colher (chá) de cominho
- ½ xícara de farinha de rosca (85 g)

1. Deixe o grão-de-bico de molho por 24 horas, depois escorra a água da demolha e lave os grãos.
2. Transfira para um processador e adicione o azeite, o suco de limão, o alho e a salsinha. Tempere com sal e cominho. Bata até obter uma mistura granulada e homogênea.
3. Acrescente a farinha de rosca e bata até a massa dar liga. Se ficar muito quebradiça, adicione um pouco de água filtrada.
4. Separe a massa em cinco porções e modele os hambúrgueres, formando bolinhas e depois achatando-as cuidadosamente.
5. Aqueça uma frigideira com um fio de azeite e frite os hambúrgueres dos dois lados até dourar.

Se preferir, asse os hambúrgueres. Para isso, leve ao forno preaquecido a 200 °C por cerca de 20 minutos. Vire depois de 10 minutos, para assarem por igual. Se não for consumir todos os hambúrgueres, armazene-os sem fritar em um recipiente, separados por folhas de papel-manteiga ou por filme plástico. Eles duram cerca de 2 meses congelados. Quando for preparar, retire do freezer 1 hora antes, para descongelar. Assim, poderá fritá-los uniformemente.

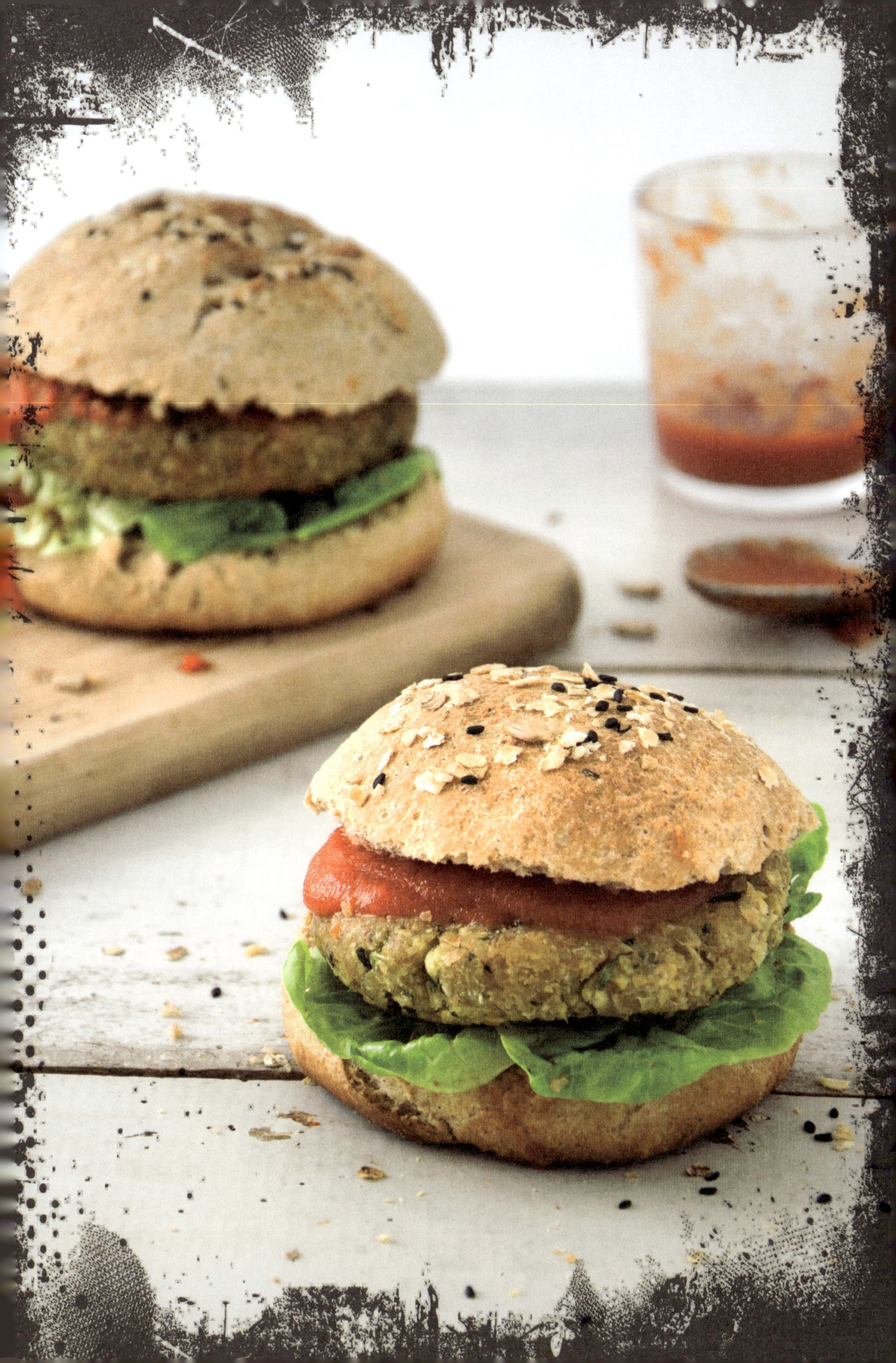

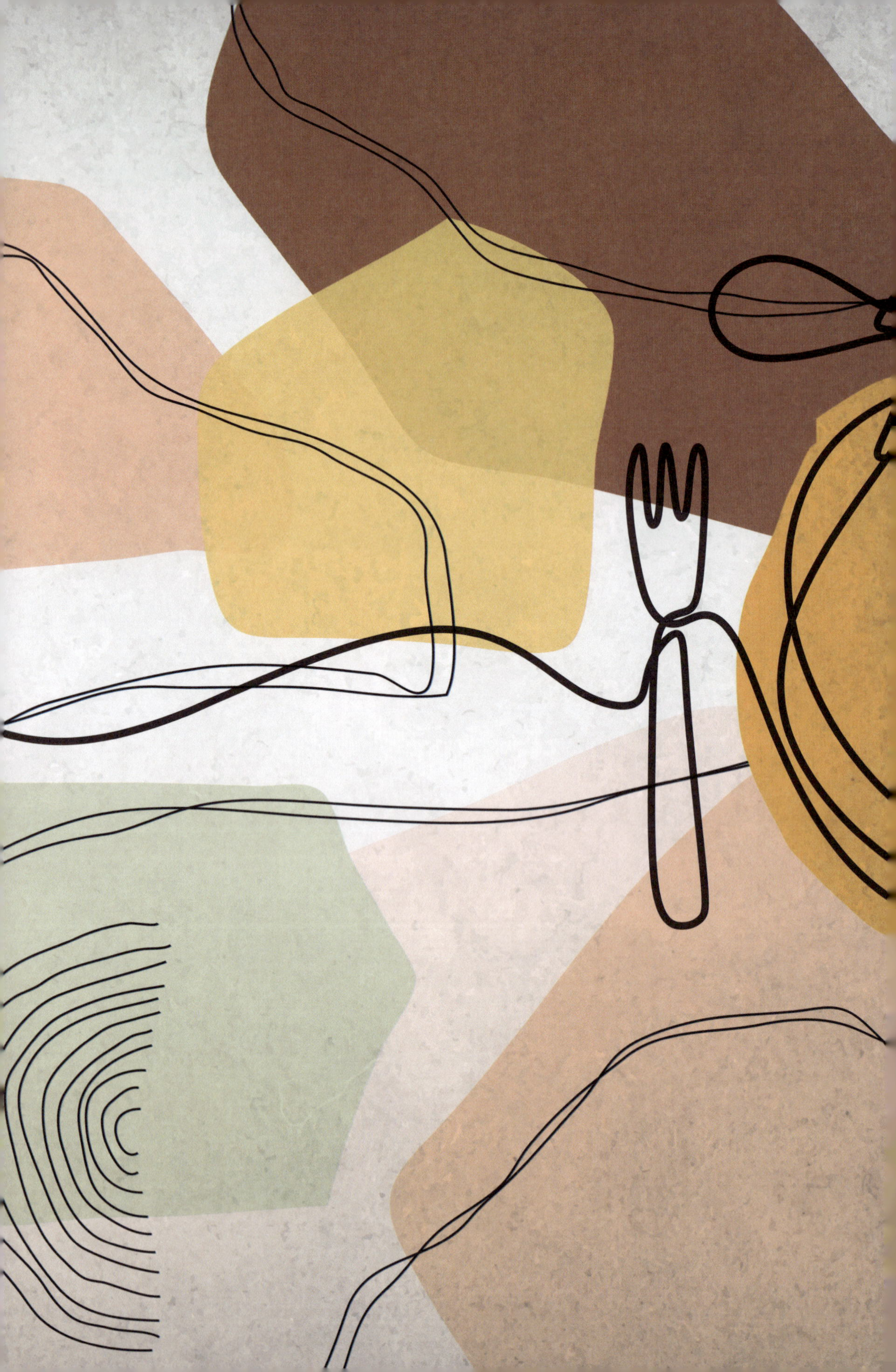

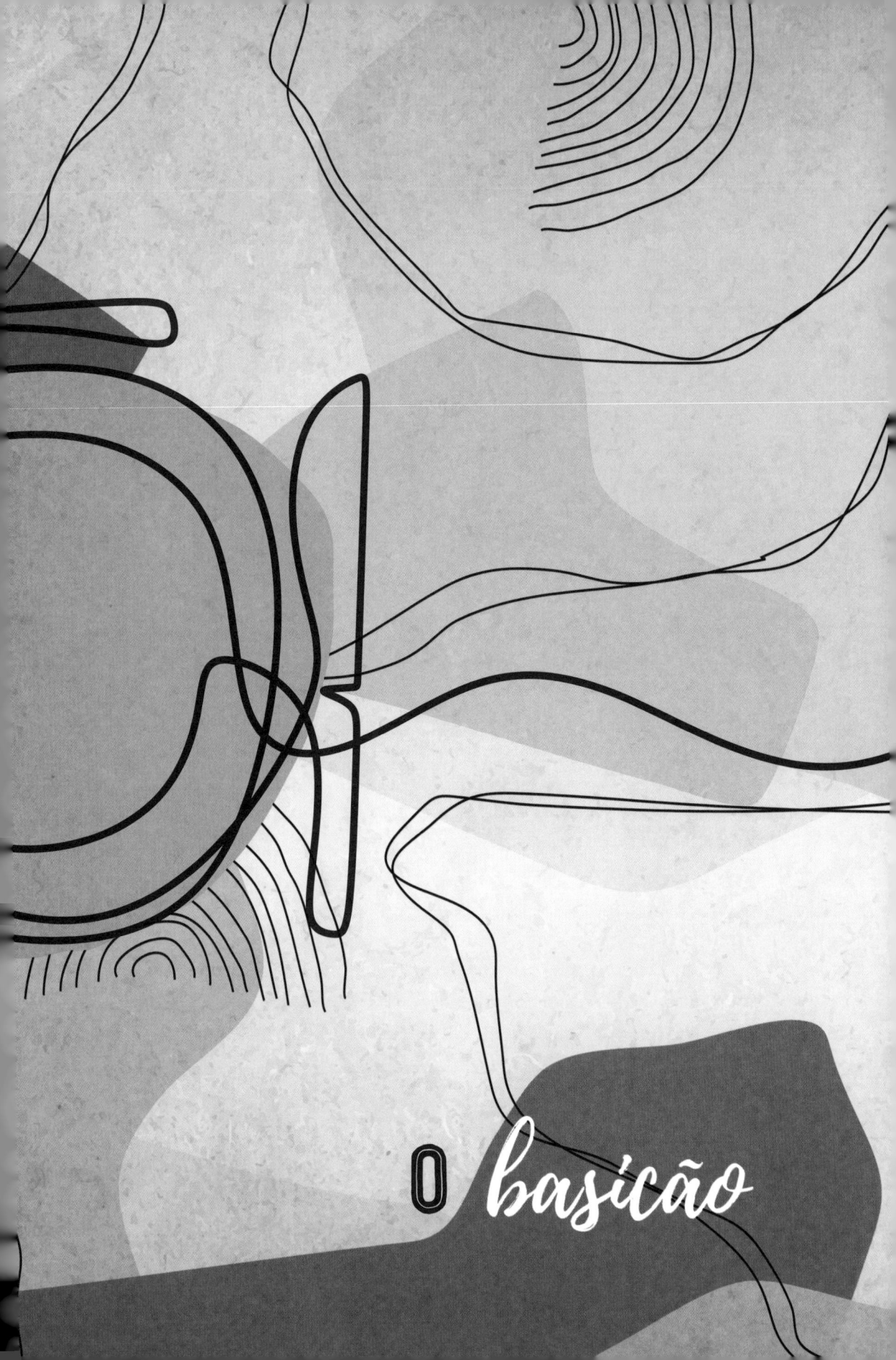

o *basicão*

ARROZ
integral

RENDIMENTO: 4 PORÇÕES

- um fio de azeite
- 1 dente de alho ralado
- 1 cebola picada
- 1 xícara de arroz integral lavado e bem escorrido
- sal a gosto
- 3 xícaras de caldo de legumes aquecido

1. Em uma panela, aqueça o azeite e frite ligeiramente o alho e a cebola.
2. Acrescente o arroz e tempere com sal.
3. Refogue, mexendo sempre, por 2 minutos.
4. Coloque o caldo e cozinhe, com a panela tampada, até ele secar.
5. Desligue e deixe tampado por 5 minutos, para os grãos terminarem de absorver o líquido. Depois, solte os grãos com um garfo.

Na hora de fritar o alho e a cebola, acrescente um pouco de gengibre ralado, cúrcuma, curry ou colorau. Na hora de refogar o arroz, junte 1 xícara de ervilha congelada, cenoura picada ou buquês de brócolis picadinho. Depois de cozido, quando for soltar os grãos, misture gergelim preto ou branco, semente de girassol ou semente de abóbora torrada.

FEIJÃO

RENDIMENTO: 4 PORÇÕES

1 xícara de feijão escolhido e demolhado por 12 horas

3 xícaras de água

2 folhas pequenas de louro

sal a gosto

½ colher (sopa) de azeite

3 dentes de alho amassados

1 cebola média picada

cominho a gosto

1. Em uma panela de pressão, cozinhe o feijão na água com o louro e um pouco de sal por 15 minutos após o início da pressão. Desligue e deixe a pressão sair naturalmente antes de abrir a panela.
2. Em uma frigideira, aqueça o azeite e refogue bem o alho e a cebola.
3. Junte uma concha do feijão cozido e refogue mais para apurar e tomar gosto. Ajuste o sal e tempere com cominho.
4. Devolva o feijão temperado para a panela e tampe. Cozinhe por mais 5 minutos após o início da pressão. Espere sair toda a pressão para abrir a panela e servir.
5. Se quiser um feijão com caldo mais grosso, deixe a panela no fogo, sem tampar, por mais alguns minutos.

Siga esse procedimento para todos os tipos de feijão e também para o grão-de-bico. Se for preparar lentilha, deixe de molho por 12 horas, mas cozinhe em panela comum, destampada, até ficar macia. Para variar o sabor, na hora do cozimento, junte ao feijão 1 xícara de cenoura ou beterraba em cubos, e à lentilha, 1 xícara de abóbora em cubos.

FAROFA
... de banana

DALTON RANGEL • RENDIMENTO: 4 PORÇÕES

- 1 cebola picada em cubinhos
- 4 dentes de alho bem picados
- 100 g de manteiga
- 2 bananas-prata médias maduras picadas
- 150 g de farinha de mandioca fina
- 100 g de farinha de milho flocada
- sal a gosto
- 2 colheres (sopa) de salsinha picada

1. Em uma panela, refogue a cebola e o alho na manteiga até ficarem bem dourados. Você vai notar que a manteiga começará a espumar. Quando atingir esse ponto, fique atento para não queimar a cebola e o alho.

2. Junte as bananas e refogue. Adicione a farinha de mandioca e a farinha de milho. Diminua o fogo e torre as farinhas por poucos minutos. Acerte o sal, desligue o fogo e acrescente a salsinha. Sirva quentinha.

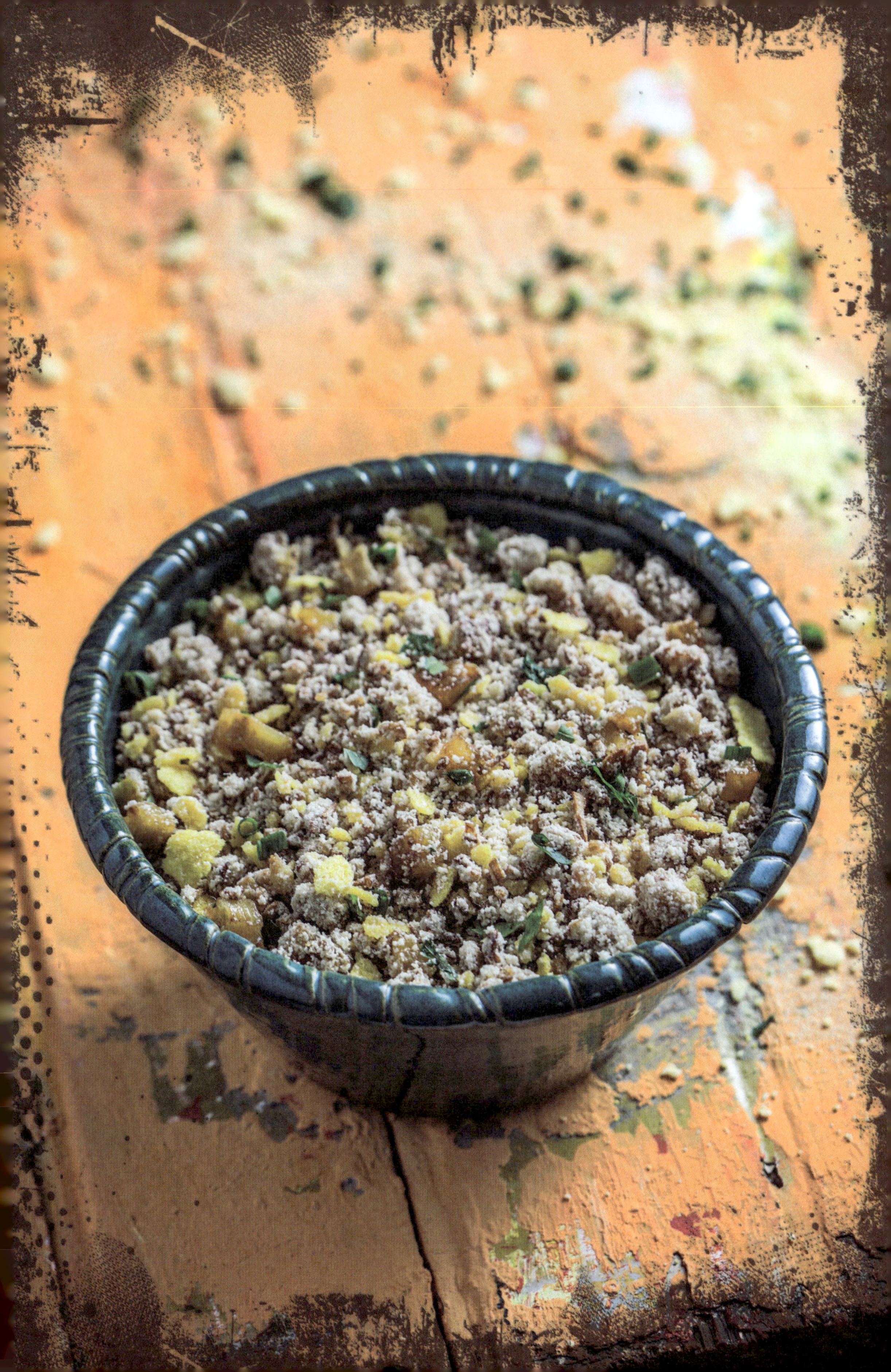

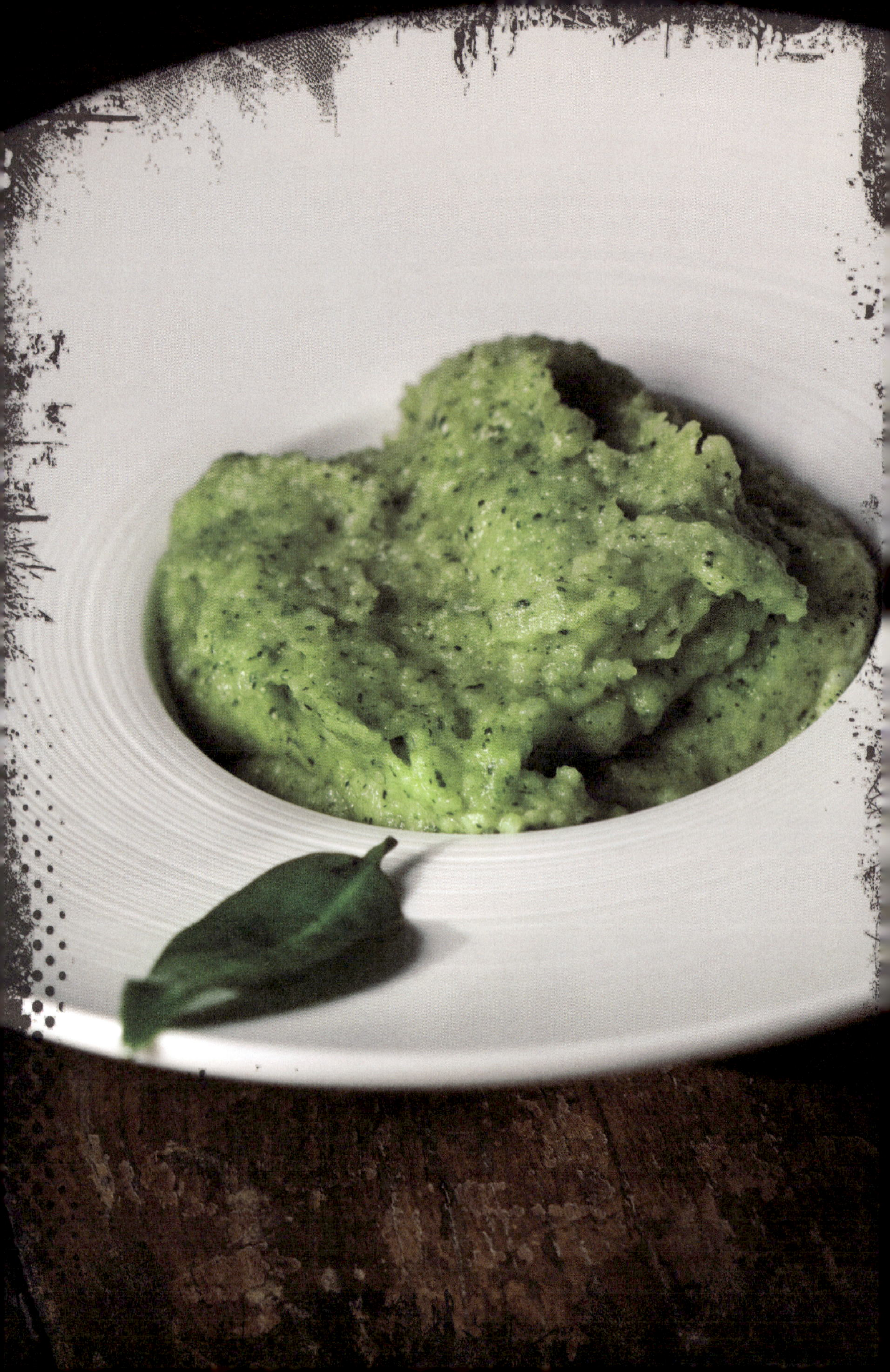

PURÊ DE BATATA
... com ora-pro-nóbis

MÔNICA RANGEL • RENDIMENTO: 4 PORÇÕES

- 400 g de batata
- 3 xícaras de caldo de legumes (700 ml)
- 40 g de manteiga sem sal
- 1 colher (chá) de sal (4 g)
- 40 g de pesto de ora-pro-nóbis (ver p. 87)

1. Descasque as batatas e cozinhe-as no caldo de legumes. Quando estiverem cozidas, escorra e esprema.
2. Leve ao fogo médio a massa de batatas, a manteiga e o sal, mexendo até atingir o ponto de purê (cerca de 5 minutos).
3. Acrescente o pesto de ora-pro-nóbis, misture e sirva em seguida.

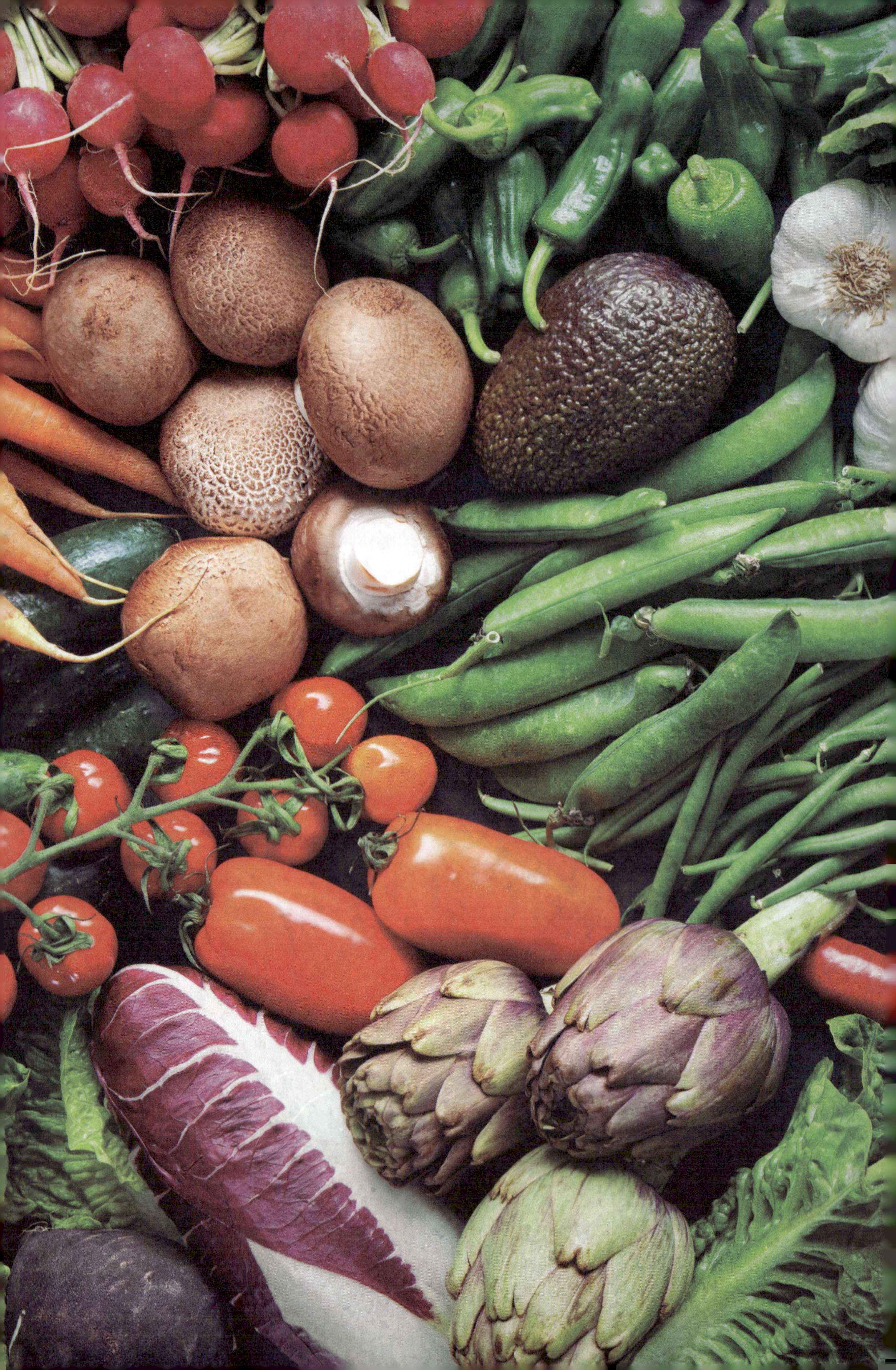

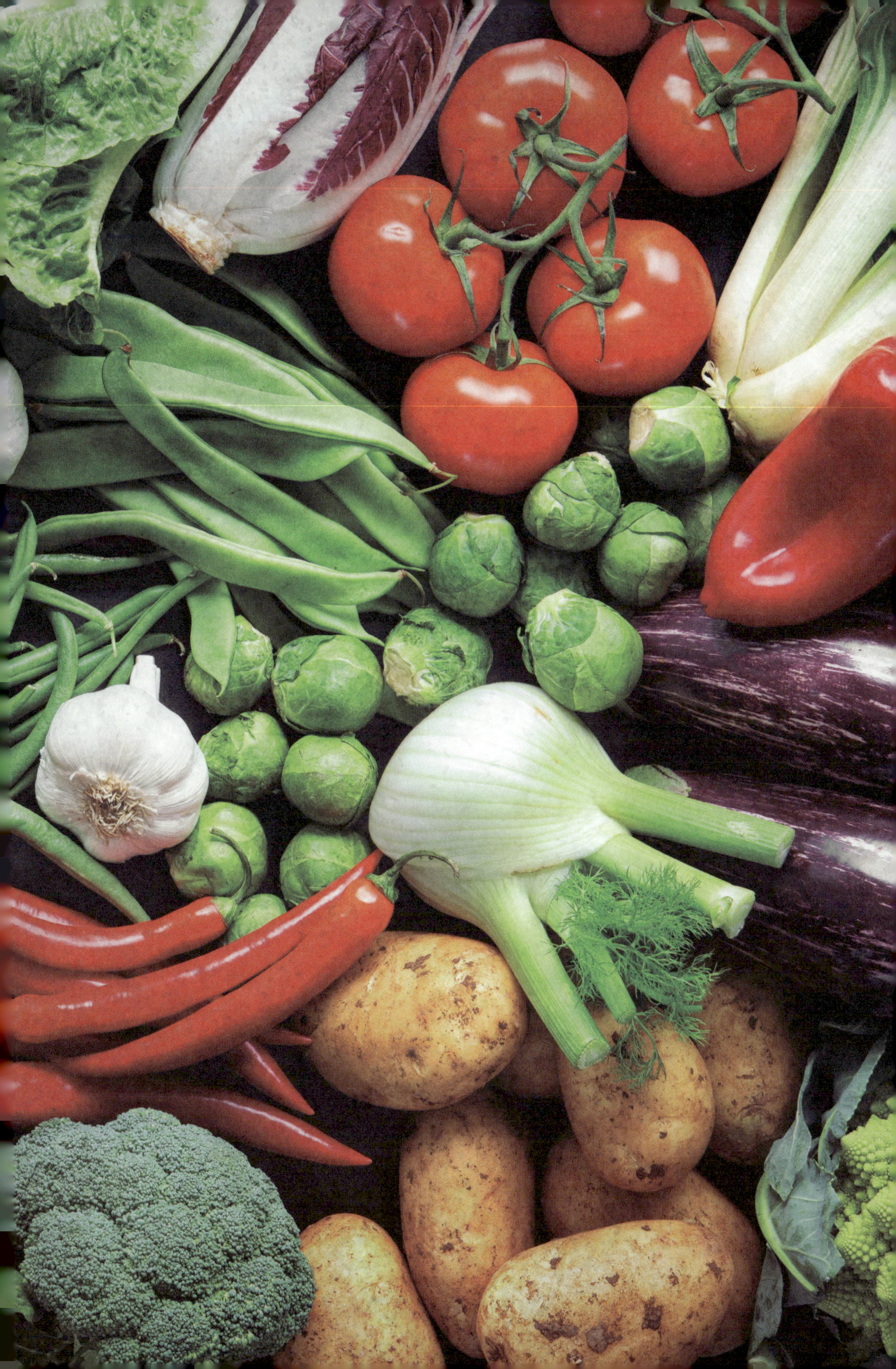

Como montar UMA SALADA

> O SEGREDO PARA UMA DELICIOSA SALADA É O CUIDADO NA HORA DE PENSAR AS CAMADAS DE SABOR E TEXTURA.

FOLHAS
Alface, rúcula, agrião, escarola, couve, repolho branco e roxo, acelga, ervas frescas.

COMPLEMENTOS
Tomate picado, ervilha, milho, palmito picado, ovo cozido, beterraba ralada, cenoura picada, pepino em rodelas ou cubinhos, macarrão cozido, pimentão, grão-de-bico, lentilha, feijão-branco, brócolis ou couve-flor cozidos.

TOPPINGS
Frutas frescas (ex.: maçã, pera) ou secas (damasco, uva-passa) picadas, sementes (linhaça, gergelim, chia, abóbora, girassol), oleaginosas (amendoim, amêndoa, nozes, castanhas) picadas, croûtons, cubos de queijo ou tofu.

VALE MUITO A PENA INVESTIR UM POUCO DE TEMPO E PREPARAR SEUS PRÓPRIOS MOLHOS PARA INCREMENTAR A SALADA DO DIA A DIA. A SEGUIR, ESTÃO ALGUMAS SUGESTÕES. TODAS AS RECEITAS DURAM ATÉ UMA SEMANA EM GELADEIRA.

MOLHOS
de salada

PESTO BRASILEIRO: bata 1 xícara de amendoim com ½ xícara de azeite, 1 dente de alho sem casca e sal por alguns minutos até incorporar. Junte 1 maço de coentro e pulse por alguns minutos, só para misturar (não bata muito para não escurecer as folhas ou amargar).

AZEITE PICANTE DE LIMÃO: coloque as raspas da casca de 2 limões (só da parte verde) e ¼ de xícara de azeite em um pote de vidro e tempere com sal e pimenta calabresa (em flocos). Tampe e deixe na geladeira de um dia para o outro antes de usar.

MOLHO ORIENTAL: coloque ¼ de xícara de azeite ou óleo de gergelim, 2 colheres (sopa) de shoyu (molho de soja), suco de ½ limão, 1 colher (chá) de gengibre sem casca ralado e 1 colher (chá) de cebolinha cortada em rodelas em um pote de vidro, feche bem e agite o pote até ficar cremoso. Se ficar muito espesso, junte um pouquinho de água e agite de novo.

MOLHO DE MARACUJÁ E MANJERICÃO: coloque a polpa e as sementes de 1 maracujá, 2 colheres (sopa) de azeite, 1 colher (sopa) de melado de cana e as folhas picadas de 2 ou 3 ramos de manjericão fresco em um pote de vidro, feche bem e agite o molho até ficar cremoso. Se ficar muito espesso, junte um pouquinho de água e agite de novo.

MOLHO DE MOSTARDA E MELADO: coloque ¾ de xícara de azeite, ¼ de xícara de vinagre, 1 colher (sopa) de mostarda, 1 colher (sopa) de melado de cana e sal em um pote de vidro, feche bem e agite o pote até ficar cremoso. Se ficar muito espesso, junte um pouquinho de água e agite de novo.

MOLHO CITRONETTE: coloque ¾ de xícara de azeite, ¼ de xícara de suco de laranja, sal, pimenta-do-reino e raspas da casca da laranja em um pote de vidro, feche bem e agite até obter um molho cremoso. Se ficar muito espesso, junte um pouquinho de água e agite de novo

MOLHO DE CENOURA COM CANELA E CÚRCUMA: bata 3 cenouras com casca cozidas, 1 colher (sopa) de azeite, 1 colher (sopa) de vinagre, 1 colher (chá) de cúrcuma, ½ colher (chá) de canela em pó, sal e um pouco da água do cozimento da cenoura até dar liga.

MOLHO DE IOGURTE COM ORÉGANO E GERGELIM: misture 1 pote de iogurte natural com 2 colheres (sopa) de azeite, 1 colher (sopa) de orégano, 1 colher (sopa) de gergelim preto. Tempere com sal e pimenta-do-reino e misture bem.

ÍNDICE *de receitas*

SALGADOS

Abóbora paulista recheada com lentilha na laranja e pimentões, 138
Almôndegas de berinjela, 84
Antepasto de cogumelo, 130
Arroz de rico, 49
Arroz indiano com lentilha e couve-flor, 53
Arroz integral, 156
Bobó de legumes com farofa de pinoli, 88
Bolinhos de feijão-branco, 151
Bruschetta de tomate, pasta de azeitona preta e alho, 114
Canelone de berinjela, 77
Caponata de mangará, 18
Charutinho de quinoa, 56
Chutney picante de tomate-cereja, 117
Croquete de palmito, 118
Cuscuz de farinha ovinha, 69
Cuscuz de fundo de alcachofra e banana, 121
Cuscuz de milho, 36
Ensopado de lentilha com abóbora, 74
Espaguete com molho de cogumelos, 102
Estrogonofe, 136
Farofa de banana, 158
Feijão, 157
Fritada de cebola e ervas, 105
Hambúrguer de falafel, 152
Legumes assados com cuscuz marroquino, 46
Legumes cremosos ao forno, 109
Moqueca de banana-da-terra, 90
Muffin de tomate, 66
Muffin proteico, 148
Nhoque com pesto de ora-pro-nóbis, 87
Nhoque de espinafre, 78
Pad thai de legumes, 59
Pão de fôrma, 32
Pão roxo, 39
Penne com molho de tahine, 50
Pimentões recheados, 60
Pizza, 122
Purê de batata com ora-pro-nóbis, 161
Quenelle de ricota e espinafre, 73
Quibe assado de grão-de-bico, 54
Ratatouille, 70
Risoto de aspargos, 81
Salada de batata bolinha, 98
Salada de manga apimentada, 134
Salpicão de mamão verde, 17
Sopa de pinhão em crosta de massa folhada, 133
Suflê de abobrinha, 64
Tartelette mediterrânea, 106
Tortinha de legumes, 101

DOCES

Amanteigados floridos, 20
Bolinho de estudante, 126
Bolo azul de jenipapo, 14
Bolo de casca de abacaxi, 125
Cheesecake com calda de chocolate e frutas, 110
Doce de maçã verde, 93
Docinho de ameixa e coco, 141
Geleia de casca de abacaxi, 43
Iogurte de castanhas, 40
Mingau de tapioca, 35
Pavê de paçoca, 94
Pudim de tapioca com calda de espumante e especiarias, 142
Torta de chocolate, 144

**ADMINISTRAÇÃO REGIONAL DO SENAC
NO ESTADO DE SÃO PAULO**

Presidente do Conselho Regional
Abram Szajman

Diretor do Departamento Regional
Luiz Francisco de A. Salgado

**Superintendente Universitário
e de Desenvolvimento**
Luiz Carlos Dourado

EDITORA SENAC SÃO PAULO

Conselho Editorial
Luiz Francisco de A. Salgado
Luiz Carlos Dourado
Darcio Sayad Maia
Lucila Mara Sbrana Sciotti
Jeane Passos de Souza

Gerente/Publisher
Jeane Passos de Souza

Coordenação Editorial/Prospecção
Luís Américo Tousi Botelho
Dolores Crisci Manzano

Administrativo
grupoedsadministrativo@sp.senac.br

Comercial
comercial@editorasenacsp.com.br

ALAÚDE EDITORIAL LTDA.

Publisher
Antonio Cestaro

Coordenação Editorial/Prospecção
Bia Nunes de Sousa

Administrativo
Joana Marcondes

Comercial
vendas@alaude.com.br

Preparação de Texto
Ana Clara Cornelio

Revisão de Texto
Bianca Rocha
Carolina Hidalgo Castelani

Projeto Gráfico e Diagramação
Antonio Carlos De Angelis

Fotografias
Acervo Alaúde: pp. 71, 72, 89, 91
AdobeStock: pp. 1-12, 22-31, 44-45, 62-63, 82-83, 96-97, 112-113, 128-129, 146-147, 154-155, 162-167, capa
André Fronza: pp. 33, 75, 119, 153
Antonio Rodrigues: pp. 47, 57, 76, 80, 104, 107, 108, 111
Bruna Pavão: pp. 61, 79, 123, 150
Caloca Fernandes: p. 37
Cesar Godoy: pp. 58, 85, 95, 100, 115, 116, 140
Gabi Mahamud: pp. 55, 86, 137, 145
Isadora Mira: pp. 51, 120
Julia Guedes: pp. 38, 52, 139, 149
Leandro Rodrigues: pp. 15, 16, 19, 21
Luna Garcia – Estúdio Gastronômico: pp. 34, 42, 48, 65, 67, 68, 92, 99, 103, 124, 127, 131, 132, 135, 143, 159, 160
Pati Bianco: p. 41

Impressão e Acabamento
Coan Indústria Gráfica

Proibida a reprodução sem autorização expressa.
Todos os direitos desta edição reservados às editoras:

EDITORA SENAC SÃO PAULO
Rua 24 de Maio, 208 – 3º andar
Centro – CEP 01041-000 – São Paulo – SP
Caixa Postal 1120 – CEP 01032-970
Tel. (11) 2187-4450 – Fax (11) 2187-4486
E-mail: editora@sp.senac.br
Home page: http://www.livrariasenac.com.br
© Editora Senac São Paulo, 2020

ALAÚDE EDITORIAL LTDA.
Av. Paulista, 1.337 – cjto. 11
Bela Vista – CEP 01311-200 – São Paulo – SP
Tel. (11) 3146-9700
E-mail: alaude@alaude.com.br
Home page: http://www.alaude.com.br

© Alaúde Editorial Ltda., 2020